W9-CII-938

Cómo
pintar
paredes

Cómo pintar paredes

Cómo transformar sus paredes con efectos de pintura
asombrosamente sencillos

Sacha Cohen

LIBSA

A QUANTUM BOOK

© 2005, Editorial LIBSA
San Rafael, 4
28108 Alcobendas. Madrid
Tel. (34) 91 657 25 80
Fax (34) 91 657 25 83
e-mail: libsa@libsa.es
www.libsa.es

Traducción: Inés Martín
Edición: Equipo Editorial LIBSA

© MMI Quarto Inc.

Título original:
The Painted Wall

ISBN: 84-662-118 6 -1

Derechos exclusivos de edición para todos los países de habla española.

Queda prohibida, salvo excepción prevista en la ley, cualquier forma de reproducción, distribución, comunicación pública y transformación de esta obra sin contar con autorización de los titulares de la propiedad intelectual. La infracción de los derechos mencionados puede ser constitutiva de delito contra la propiedad intelectual (arts. 270 y ss. Código Penal). El Centro Español de Derechos Reprográficos vela por el respeto de los citados derechos.

Contenido

Introducción

La pared es el fondo más grande de cualquier habitación, por lo que la enorme variedad de maneras de «vestirla» es un elemento esencial en todos los proyectos de decoración. Aventurándonos por la multitud de efectos de pintura y armados con la enorme variedad de colores disponibles, descubriremos una «paleta» infinita a partir de la cual se puede imitar cualquier superficie. La pared se convierte en un lienzo en blanco disponible para la imaginación.

Para cualquier pared hay dos opciones: o se convierte en el fondo coordinado de otros elementos importantes de la habitación —como los muebles— constituyendo un todo; o la pared se convierte por sí misma en el elemento principal. Esta última opción es especialmente útil cuando no haya muchos cuadros que colgar en la pared, porque ésta se convierte en algo artístico.

Cómo pintar paredes ilustra una amplia gama de técnicas para decorar las paredes, coordinando los colores para cada habitación, y lleva al lector paso a paso desde la preparación hasta el completo acabado. Las técnicas enseñan una serie de efectos, desde imitar superficies «reales» —como la piedra arenisca o un mosaico de azulejos— hasta los efectos caprichosos que se hacen con barniz para veladuras, como el trapeado. En este libro se tiene la opinión de que, simplemente usando pinturas, se puede recrear cualquier estilo, efecto o superficie.

La primera parte del libro es una guía fácil de seguir para el trabajo preparatorio que viene antes de pintar, con listas aclaratorias de las herramientas, pinceles y pinturas básicas. Aunque la elección de colores será siempre una cuestión de gusto personal, se examinan los principios generales para tratar con colores, incluyendo una consideración especial de los elementos arquitectónicos existentes. Para aplicar un esquema de color a una habitación determinada se necesitará un cierto juicio personal, con-

◀ Las técnicas que se explican e ilustran son sencillas y fáciles de aprender: antes de darse cuenta, uno se convertirá en un experto.

◀ Cuando se aplica a las paredes un acabado de aspecto natural, lo mejor es complementar la habitación con materiales orgánicos, como la madera. Esto aumentará la sensación de regreso a lo básico que se intenta crear.

siderando el espacio disponible, la altura, la luz y la función a que se destina. Pero esta parte, por lo menos, puede guiar en la buena dirección.

La parte de proyectos de este libro se presenta en seis capítulos de colores coordinados, con paletas de color concretas que están de acuerdo con la rueda de colores: los colores hueso, con su aspecto pálido y natural; el limón y del ocre amarillo al naranja, con sus vivos tonos soleados; los terracota, del rojo al burdeos, que evocan sentimientos intensos y cálidos; el azul, el azul marino y el violeta, que pueden ser suaves o normales; el turquesa, con colores del lima al verde oscuro, para conseguir tonos vivos e intensos; y el marrón, del gris al caoba, como los nuevos colores neutros. Como el primer paso para redecorar suele ser la elección del color general, nuestro objetivo ha sido ilustrar con exactitud qué efectos se adaptan a los gustos concretos y a las paletas de color.

Para todos los efectos, se usa como ingrediente principal la pintura normal al látex mate. La pintura puede usarse en forma compacta o diluida para hacer una «aguada». Este tipo de pintura —compacta o diluida— tiene una buena duración para el desgaste natural diario que puede tener una pared. Con ella no hay límites en la gama de dibujos, texturas y efectos que se pueden conseguir.

Cómo pintar paredes funciona como una base de datos de efectos y estilos disponibles con cualquier elección de color. Las guías paso a paso explican cómo recrear cada aspecto sin necesidad de conocimientos o equipos especiales, junto con las sugerencias generales y consejos sobre problemas que pueden surgir. Para más variedad, se ofrecen muestras alternativas de efectos y colores para ilustrar la elección de colores y técnicas que pueden ser el trampolín para conseguir una habitación perfecta. Hay para todos. Tengamos confianza y decisión, remanguémonos... ¡y a pintar!

▲ Si la idea de aplicar efecto especial a toda una pared resulta muy trabajoso, lo mejor es instalar una balda por la mitad de la pared y realizar dicho efecto por la parte de abajo. Por arriba, pintar el resto de la pared con un color complementario.

◀ Si se coloca un objeto decorativo llamativo —como este espejo de marco decorado—, se atrae la atención hacia una zona concreta de la pared.

▶ Algunos artículos caseros normales —como esta esponja sintética— se pueden usar para convertir unas paredes vulgares y lisas en algo mucho más atractivo para la vista.

▲ Según la teoría del color, se cree que el azul es un color sedante y tranquilizador. Por ello es especialmente adecuado para dormitorios. Siempre vale la pena tomarse algo de tiempo para ver el efecto que provocan los colores en nuestro ánimo antes de decidir sobre la pintura.

Se puede planear el esquema de colores de una habitación de varias formas y teniendo en cuenta algunos elementos generales. Tomarse tiempo en esta fase ahorrará tiempo y problemas después.

Plan inicial

Lo primero a tener en cuenta es la luz que recibe la habitación, porque esto influye mucho en la elección de colores. El mismo color puede parecer muy distinto bajo la luz eléctrica o en una habitación llena de sol. Por lo tanto, al elegir los colores, hay que probar un poco en cada pared para ver cómo reaccionan con luces diferentes en horas distintas del día. Luego, hay que pensar en el tipo de ambiente que se quiere crear: esto dependerá de la función de la habitación; por ejemplo, un comedor formal es muy distinto de un cuarto de estar acogedor. Estudiar lo que hay en la habitación, como chimenea o ventanas. ¿Es moderna, tradicional, sencilla o decorada? Hay límites a la hora de cambiar una habitación, a menos que se disponga de mucho dinero para cambiar o quitar elementos para adaptarla al estilo elegido.

Visitar tiendas de decoración puede ser una buena manera de decidir la clase de aspecto que se necesita. En primer lugar, hay que ver si la habitación en cuestión se presta a un esquema similar: si se intenta hacer un gran comedor barroco en un piso pequeño con balcones, la idea está condenada desde el principio. Después, hay que separar los elementos que se han visto en las tiendas para tener una idea de cómo recrear un ambiente parecido.

Otro buen sistema es encontrar una tela que nos guste y pensar la habitación a partir de ella. Conviene escoger los colores de las paredes a partir de la tela; pueden venir de un pequeño detalle en el dibujo, pero por lo menos se puede ver cómo resultan juntos.

◀ Recordar siempre que hay que tener en cuenta los rasgos de una habitación antes de elegir el tipo y color de la pintura. Este rojo, cálido y atrevido, entona muy bien con la chimenea oscura de época.

▼ Si se opta por decorar con dibujos una habitación, hay que ver si éstos crean el ambiente adecuado para ella: por ejemplo, un dibujo delicado va mejor en un dormitorio o cuarto de niños que en una cocina.

◀ Si tenemos una tela especial que nos gusta, llevarla a una tienda de pinturas para ver cómo casa con muestras de color de pintura. Es casi seguro que se encuentre el tono exacto, teniendo en cuenta la gran variedad de pinturas que hay disponibles.

En los efectos de pintura se usan dos o más colores para conseguir ciertos aspectos o ambientes y no tener necesidad de artículos caros para lograr un estilo. Una gran superficie de pintura diluida y suelta suele dar un aire tranquilo y acogedor a una habitación; en cambio, un empapelado con un dibujo rígido y estructurado produce un efecto muy formal.

Desde luego, no hay reglas fijas: sólo pautas con cientos de variables. Si el resultado final no es bueno, hay que descubrir por qué y aprender de ello; después de todo, sólo hace falta volver a pintar: como mucho, dos días de trabajo.

Para empezar un trabajo de decoración, se necesita un conjunto básico de herramientas y equipo. Éste puede ampliarse poco a poco para incluir un equipo más especial, a medida que aumentemos nuestro repertorio de efectos de pintura.

Equipo básico

Escaleras

El juego de escaleras debe dar la altura suficiente para llegar fácilmente al techo sin estirarse, algo que hace más difícil el trabajo y puede ser muy peligroso. También es importante que el suelo esté seco y nivelado, para evitar que las escaleras se balanceen o patinen.

Fundas

Hay que cubrir el suelo y los muebles con lienzos y cobertores y también los muebles que sean demasiado grandes o difíciles de sacar de la habitación. Los cobertores de algodón y de sarga se pueden volver a usar y se encuentran con facilidad. Impiden las manchas de la pintura que salta del rodillo o gotea pero, al ser de tela, no resisten un vertido importante. Si se quiere que sean impermeables, usar lienzos de plástico desechables, que dan una protección completa.

Mascarillas contra el polvo

Al lijar, son imprescindibles las mascarillas contra el polvo, porque las partículas muy finas pueden ser nocivas para la salud. También son útiles las gafas de motorista.

Papel de lija

Se encuentra en una serie de grados: fino, medio, grueso y secante. Como hay que lijar todas las superficies para que haya una base, es importante elegir el papel de lija adecuado para el trabajo porque afecta al nivel de acabado final. Por ejemplo, para limpiar una pared que ya estaba pintada, hay que usar lija de grado medio o grueso (según cómo esté la pared) y, para alisar un agujero que se ha rellenado, hace falta una lija de grado fino. Un taco para lijar es una buena herramienta para alisar las superficies planas, porque permite aplicar una presión igual sobre una superficie grande.

Raspadores

Los raspadores tienen varios usos: desde quitar la pintura vieja cuarteada o limpiar madera a usarlos como espátulas para rellenar; pero hay que limpiar muy bien el raspador después de usarlo para rellenar.

Destornilladores

Pueden ser útiles para quitar piezas metálicas de las puertas y clavos de las paredes, así como para abrir latas de pintura. Un destornillador multiuso con piezas desmontables será utilísimo, porque cubre todas las posibilidades.

Brochas para pintor

Las brochas vienen en una serie de tamaños y calidades. Para reunir un juego básico, hay que elegirlas de tipo medio, no las más baratas. Cuanto mejores sean, mejor será el acabado. En general, serán suficientes una de 2,5 cm y otra de 5 cm. Las de 10 cm se usan como alternativa al rodillo en la pared y también puede usar-

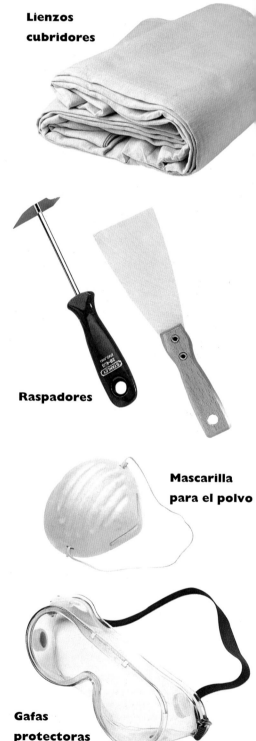

Lienzos cubridores

Raspadores

Mascarilla para el polvo

Gafas protectoras

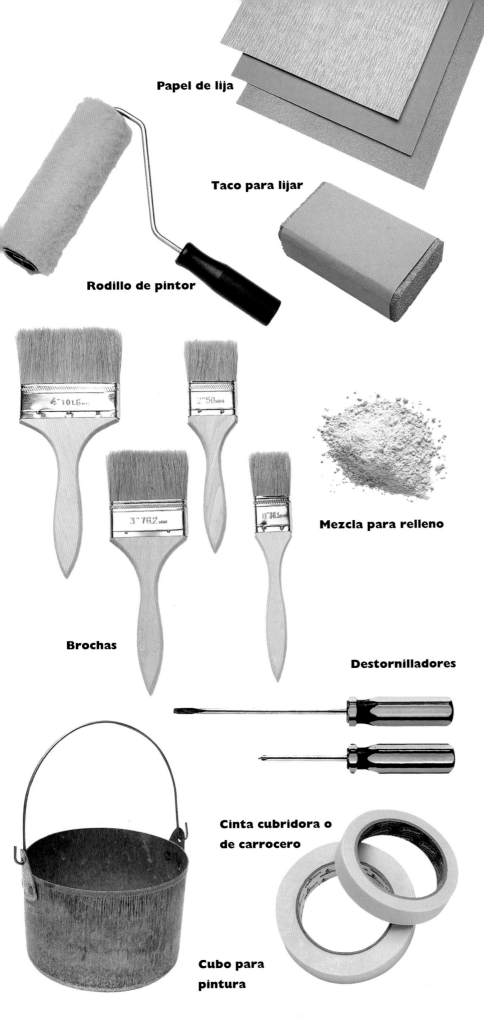

Papel de lija

Taco para lijar

Rodillo de pintor

Brochas

Mezcla para relleno

Destornilladores

Cinta cubridora o de carrocero

Cubo para pintura

se para quitar el polvo. También puede usarse un pincel de artista de 6 mm para trabajar las esquinas, zonas estrechas y alrededor de los apliques.

Masillas

Para reparar las zonas picadas y las grietas finas en paredes o madera, son imprescindibles las masillas para paredes o carpintería. Se aplican con un raspador o espátula y luego se lijan cuando están secas para proporcionar a la pintura una superficie lisa.

Cubos para pintura

Los hay de metal y de plástico y, a veces, con tapa hermética para guardar colores ya mezclados o barnices. Lo mejor es verter poca cantidad de pintura de la lata en el cubo, porque pesa menos y, si se vierte, mancha también menos.

Rodillo de pintor

Para pintar una zona grande, lo mejor es un rodillo de pintor. Hay que comprar uno de manguito de buena calidad, para evitar el defecto de «cáscara de naranja» que producen otros más baratos. Los rodillos suelen venir con sus bandejas, que sirven para recoger la pintura que cae o para descargar el rodillo del exceso de pintura. Para pintar las partes altas de la pared y el techo, hay que acoplar al rodillo un alargador, usando así menos las escaleras y acelerando el recubrimiento.

Cinta de carrocero o cubridora

La cinta cubridora se presenta en diversos anchos y niveles de adhesivo. Un rollo de 2,5 cm sirve para la mayoría de los trabajos, como cubrir los apliques de luz y los enchufes o para tener un borde limpio a lo largo de un zócalo de madera.

Hay una serie de brochas especiales, diseñadas para obtener determinados efectos con la pintura. Hay que recordar que, para cada efecto que se intente, sólo se usan una o dos de estas brochas, por lo que no hay que pensar en comprarlas todas.

Brochas especiales

Brochas de suavizar

Suelen estar hechas de pelo de tejón y son caras, aunque actualmente las hay sintéticas. Se suelen usar para fundir y suavizar los brochazos cuando se hacen determinados acabados, como el marmolado o veteado de madera. Una alternativa buena y barata es usar una brocha grande de tender.

Brochas de estarcido

Las brochas de estarcido son redondas, con una punta plana que hace que la pintura se distribuya por igual al picar (dando a golpecitos con la punta de la brocha). Las brochas especiales de estarcir suelen ser muy caras, pero se puede usar cualquier brocha casera de tamaño similar. Las brochas de turón –que suelen usarse para pintar bordes y zonas pequeñas– son también una buena alternativa a las brochas especiales de estarcir; normalmente son muy grandes, pero se puede usar sólo la punta.

Brochas de «rastrillado»

Las brochas de «rastrillado» tienen cerdas largas sujetas por un mango ancho y plano. Al apretarlas contra la pintura producen un efecto rayado, como de rastrillo. Una brocha casera gorda también puede producir este tipo de marcas.

Pinceles de delinear

Los pinceles de delinear tienen unas cerdas largas y finas que llevan una buena carga de pintura, impidiendo que haya interrupciones en una línea continua. Hacen una buena línea recta e igualada.

Brochas de picar

Las brochas de picar son versiones más grandes de las de estarcir, con cerdas cortas y recortadas que hacen marcas finas y aisladas en la superficie pintada. También son caras, aunque una brocha de empapelar produce un efecto muy similar.

Delineador

Es un pincel de artista en bisel, que en realidad no se usa más que para hacer vetas en el efecto de marmolado. Hay que sostener el mango fuertemente y la forma de las cerdas produce una buena veta. Hay una alternativa, igualmente fácil de usar y que produce el mismo efecto: una pluma grande de ave.

Brochas de turón

Pinceles de delineador

Brocha de picar

Pincel delineador (en bisel)

Brocha de suavizar

Brochas de estarcido

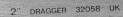

Azotador (para rastrillado)

Limpieza

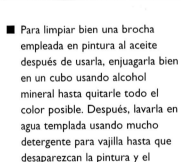

■ Hay que limpiar siempre las brochas inmediatamente después de usarlas. Las brochas nuevas, hay que lavarlas antes de usarlas, para que se desprendan las cerdas sueltas; si no, aparecerán pegadas en la superficie pintada.

■ Según se usen con pinturas al agua o al aceite, la forma de limpiar las brochas será distinta.

■ Cuando se usa una pintura al aceite y se va a volver a usar pronto la misma brocha con el mismo color, meter la brocha en un bote con agua; así no se seca la pintura, que se conserva suspendida en las cerdas.

■ Para limpiar bien una brocha empleada en pintura al aceite después de usarla, enjuagarla bien en un cubo usando alcohol mineral hasta quitarle todo el color posible. Después, lavarla en agua templada usando mucho detergente para vajilla hasta que desaparezcan la pintura y el alcohol mineral.

■ Para limpiar una brocha de pintura al agua, lavarla con agua tibia y detergente. Si la pintura se ha secado en parte de las cerdas, usar un cepillo de uñas para quitarla.

■ Después de lavar todas las brochas, alisar el pelo y ponerlas en un cacharro con las cerdas hacia arriba para que se sequen y guardarlas así.

Hay artículos suplementarios que sólo se necesitan para técnicas concretas, como las herramientas de medida y las de marcar, para hacer dibujos repetidos, o la gomaespuma para hacer sellos de estampillar.

Complementos útiles

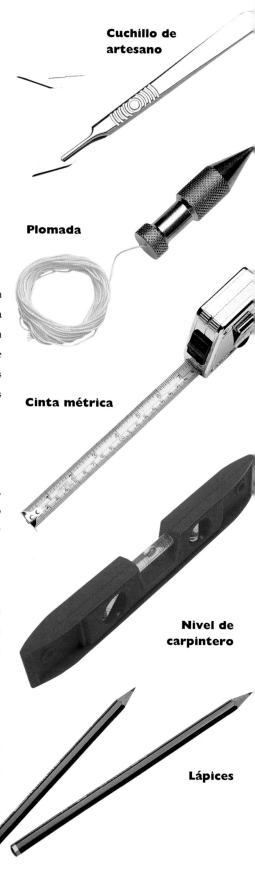

Cuchillo de artesano

Plomada

Cinta métrica

Nivel de carpintero

Lápices

Plomada

Una plomada puede comprarse o hacerse: un peso en la punta de una cuerda sirve para marcar una línea perfectamente vertical. Un llavero colgado de un bramante funciona igual de bien que una plomada comercial.

Cinta métrica

La cinta métrica sirve para situar dibujos y rayas. Es más útil que una regla, porque puede meterse por cualquier rincón estrecho.

Nivel de carpintero

El nivel de carpintero permite hacer líneas exactamente verticales y horizontales. El trazar estas líneas a partir del suelo o el techo no es siempre preciso, ya que hay habitaciones —especialmente en las casas antiguas— en las que techos y suelos no están nivelados.

Lápiz

Se usa el lápiz —mejor duro— para hacer una marca fina en la pared. También se suele usar la tiza, pero puede ser difícil de ver y es menos precisa, al no ser tan fino el trazo.

Peines de goma de decorar

Estos peines de goma tienen púas que se pueden graduar en anchura, para usar en técnicas de veteado de maderas, o púas a igual distancia, aunque disponibles en diversos tamaños: un peine triangular suele tener púas de distinto tamaño en sus tres bordes. Se pueden hacer peines caseros con cartón grueso, pero no duran mucho.

Cuchillo de artesano

Es indispensable para recortar estarcidos, estampillas y plantillas; hay que usarlo siempre con una hoja nueva y afilada y apuntando hacia fuera del cuerpo.

Almohadilla de pintar

Se hace con pelo corto sobre un fondo de esponja sujeto a un mango. Usada en vez de rodillo, da un acabado más plano ensuciando mucho menos. Es también la mejor herramienta para hacer rayas de bordes nítidos.

Esponjas naturales

Las esponjas naturales no se usan sólo para el esponjado, sino también para la aguada y el veteado. También se pueden quitar trocitos de la cara de arriba de una esponja sintética corriente, para imitar el aspecto —lleno de agujeros— de una esponja natural.

**Peines de
goma de
decorar**

**Almohadillas
para pintar**

**Rodillo de
mampostería**

**Piel de gamuza
para trapeado**

Esponja natural

Espuma de tapizado

Gomaespuma

**Cartulina para
estarcido**

Piel de gamuza

La piel de gamuza es un material perfecto para el trapeado, porque se consiguen marcas iguales tanto trapeando para dar como para quitar pintura, siempre que el trapo se vuelva a doblar con frecuencia.

Rodillo de mampostería

Se usa para pintar superficies muy desiguales. Su pelo largo mete la pintura en las zonas con grietas y huecos, mientras que su forma y textura hacen de él la herramienta perfecta para fundir dos colores con rodillo. (Ver página 54).

Gomaespuma

La gomaespuma densa es el material perfecto para hacer nuestras propias estampillas; puede comprarse en trozos pequeños, como retales, en tiendas especiales de gomaespuma o en las de artistas. Por el espesor de la goma, se pueden recortar dibujos detallados que se conservan bien. También puede usarse goma sintética —como la de tapizado— pero sólo para dibujos muy sencillos, ya que no se recorta tan bien como la gomaespuma densa.

Cartulina de estarcir

Es una cartulina encerada que puede recortarse en cualquier forma de dibujo y no se humedece mucho al aplicar la pintura. También pueden usarse carpetas de plástico o de acetato: las carpetas «hacen» dos dibujos al recortarlas. Para recortarlos, tanto el acetato como el plástico tienen que sujetarse con cinta, ya que tienden a deslizarse.

Hay una enorme gama de pinturas disponibles en tiendas y droguerías y en proveedores especializados de pintura. La información que sigue puede ayudarnos a elegir el producto que necesitamos.

Pinturas

Por regla general, en las paredes sólo deben usarse pinturas al agua. Si se usa pintura al aceite, antes de pintar de nuevo seguramente habrá que rasparla o, por lo menos, lijarla bien, porque la capa siguiente puede no adherirse y el yeso de debajo no «respira». Las pinturas al aceite se usan para la carpintería, haciendo lavables y muy duraderas las zonas enmaderadas que tienen mucho uso. Se pueden usar ciertas pinturas para proteger lienzos de pared que pueden estropearse por los respaldos de las sillas, puertas que se abren, etc.; pero

esto suele resolverse con un friso pintado con látex que se puede limpiar con agua (ver cuadro). Pero, si la pared va a sufrir un daño excesivo, una capa diluida de barniz acrílico proporciona una superficie más dura, aunque habrá que lijarla antes de repintarla.

Siempre hay que mezclar bien la pintura, echándola después en un cubo o en una bandeja de rodillo. Limpiar el borde de la lata y volver a poner bien la tapa. Cuando se trabaja en una escalera, usar un gancho para colgar de ella el cubo, para tener siempre una mano libre para agarrarse.

Salud y seguridad

■ Es fundamental, antes de empezar a trabajar, leer las instrucciones del fabricante de cualquier producto y seguirlas con cuidado.

■ Trabajar siempre con mucha ventilación.

■ Si se usan productos al aceite y al alcohol, llevar guantes de goma para proteger la piel.

■ Cuando se usen pinturas al agua, evitar una excesiva exposición de la piel, para que ésta no se irrite ni se seque. Si se tiene la piel sensible, hay que usar guantes.

■ Al lijar o al usar productos tóxicos, hay que llevar una mascarilla contra el polvo y gafas de motorista, para protegerse los ojos y los pulmones.

■ No tirar directamente al cubo de la basura trapos empapados en sustancias líquidas volátiles: dejarlos extendidos para que se sequen antes de tirarlos.

■ Tener siempre a mano un cubo de agua por si hay accidentes o salpicaduras a la piel o a los ojos.

■ Hay que ir despacio y con cuidado.

pintura	Base	Para diluir en	Usos	Notas
Pintura látex mate	Agua	Agua, engrudo de empapelar barniz acrílico, barniz para veladuras.	Se usa en casi todos los efectos de pintura y en la pintura plana.	Secado rápido, acabado plano aunque con marcas, amplia gama de colores.
Látex satinada	Agua	Agua, engrudo, barnices acrílico y de veladuras.	Como la pintura látex mate; buena base para efectos de pintura.	Secado rápido, acabado con algo de lustre, duradera para cuartos de baño y cocinas, se ven las imperfecciones, amplia gama de colores.
Látex con lustre suave	Agua	Agua, engrudo, barnices acrílicos y de veladuras.	Demasiado espesa para usar diluida para efectos de pintura, aunque es una buena base.	Secado rápido, acabado con medio lustre, duradera para efectos en cuartos de baño y cocinas, se ven las imperfecciones, amplia gama de colores.
Pintura de mampostería (con textura arenosa)	Agua	No hay que diluirla.	Para obtener textura.	Textura arenosa, puede raspar, gama limitada de colores.
Pintura diluida y aguada	Agua	Ya está diluida.	Se mezcla rápido para veladuras.	Cara, traslúcida, poca gama de colores.
Pintura para estarcido	Agua	No hay que diluirla.	Estarcido, estampillado y pintura a mano.	Acabado plano, pequeños huecos, amplia gama de colores.
Pintura acrílica de artista	Agua	Agua, engrudo, barnices acrílicos y de veladuras.	Colorear cualquier pintura al agua, aguada, estarcido.	Acabado plano, pigmentos fuertes y baratos, amplia gama de colores.
Tinte universal	Agua	Agua, engrudo, barnices acrílicos y de veladuras.	Teñir cualquier pintura al agua, hacer aguadas y estarcido.	Pigmentado fuerte, amplia gama de colores.
Lechada	Agua	Agua, engrudo, barnices acrílicos y de veladuras.	Grandes lienzos de pared.	Densa, acabado mate, gama moderada de colores.
Pintura en polvo	Agua	Agua, engrudo, barnices acrílicos y de veladuras.	Coloreado, aguadas.	Arenosa, necesita un aglutinante (goma arábiga), gama limitada de colores.
Empaste	Agua	No hay que diluir.	Pintura gruesa para efectos con textura.	Puede colorearse con tinte universal, muy trabajosa.

El resultado final de cualquier efecto decorativo de pintura depende de la preparación inicial de la superficie. Esta fase es siempre aburrida, pero compensa una vez que se ha empezado a pintar. Si se intenta tomar un atajo, se puede estropear el resultado final.

Preparación

Sacar de la habitación el mayor número posible de muebles y objetos: esto hará que el trabajo sea más rápido y fácil, al poder moverse con libertad y haber menos «accidentes». Cubrir todo el suelo con telas cobertoras, sujetándolas con cinta de carrocero (cubridora) al zócalo de madera para más seguridad.

Antes de empezar, hay que quitar la pintura vieja cuarteada o el papel de empapelar, limpiando y lijando la superficie. Hay que rellenar las grietas y agujeros con masilla y una espátula, alisando con lija cuando se sequen. Si las paredes

Para ciertos acabados de pintura es fundamental que las paredes estén completamente lisas. Rellenar las grietas y abolladuras con masilla. Las grietas se rellenan mejor con una paleta de albañil; las más pequeñas y las abolladuras hay que rellenarlas con un cuchillo fino.

están muy deterioradas, colgar un papel de forrar grueso, que evitará problemas mayores.

Una forma barata de imprimar las paredes antes de seguir pintando es empezar con una capa de pintura de látex blanca. Al yeso nuevo hay que imprimarlo con una capa «nebulosa»: esto implica diluir la pintura de látex (usarla también blanca, porque es más económica) con una cantidad igual de agua antes de aplicarla con brocha o rodillo. La «niebla» se embebe en el yeso, impidiendo que la capa siguiente se asiente en la superficie como una piel que es probable que se «pele» más adelante.

Una pared recién enyesada absorbe el agua con facilidad, por lo que es importante imprimarla con una mano diluida de pintura látex. Mezclar cantidades iguales de pintura y agua en un cubo para obtener la consistencia debida.

▶ Proteger los bordes de los interruptores de luz, molduras y otros apliques de la pared con cinta de carrocero: ésta se quita fácilmente y no deja marcas.

Se empieza a pintar

Hay que pintar siempre en un orden lógico: techo, paredes y carpintería.

Empezar con los lienzos grandes del techo y las paredes, usando un palo alargador del rodillo si es necesario. Hay que procurar que el acabado sea liso e igualado, pero aplicando una buena capa para que el color cubra bien.

Pintar después los bordes y esquinas con una brocha, rellenando los huecos a los que no llegue el rodillo y haciendo los bordes rectos y nítidos. La brocha no debe cargarse nunca más de los dos tercios de la longitud de sus cerdas, conservando siempre el mango limpio y la pintura controlada.

Una vez seca la primera capa, se puede empezar la parte divertida: hacer efectos decorativos.

Las superficies con textura deben alisarse antes de intentar un efecto decorativo.

Desgraciadamente, esto implica tender yeso por encima del dibujo anterior para tener una superficie lisa.

Tapar cuidadosamente con cinta cubridora los interruptores, apliques de luz, enchufes y el zócalo inferior de madera; la cinta debe estar recta y bien apretada.

Tan pronto se haya pintado (incluso con la pintura húmeda todavía), hay que quitarla, para que no deje residuos en la superficie.

Colocar en el centro de la habitación las pinturas y equipo necesarios, tratando de mantenerlos lo más limpios y ordenados posible. Este orden hará que el trabajo sea mucho más fácil.

◀ ▶ Siempre hay que poner la pintura en un cubo para que haya menos posibilidad de que se vierta en cantidad; el borde el cubo sirve también para quitar el exceso de pintura de la brocha. Hay que recordar que nunca se debe cargar la brocha en más de las tres cuartas partes de las cerdas.

Los efectos decorativos se obtienen usando pintura sin diluir directamente de la lata, o usando mezclas de pinturas diluidas (aguadas o barniz para veladuras) para conseguir unos colores «rotos».

Efectos decorativos

Cómo hacer y emplear una aguada

Una aguada no es más que pintura diluida, una mezcla que permite hacer en ella las marcas que se quieran empleando brochas, trapos u otras herramientas. La mezcla sigue húmeda durante más tiempo que la pintura sin diluir, dando por ello más tiempo para trabajar la superficie y disminuyendo la aparición de «juntas» entre dos líneas de pintura.

El engrudo de empapelar es un adhesivo bueno y barato para «ligar» la aguada, porque retrasa el secado y además proporciona una mezcla espesa y manejable. La proporción normal es de 50% de pintura y 50% de engrudo; se puede hacer una capa más traslúcida aumentando la proporción de engrudo. También se pueden usar agua y barniz acrílico; el barniz para veladuras es más caro, pero está diseñado específicamente para este tipo de efectos. La «aguada en color» es una mezcla que viene coloreada y disuelta, hecha también concretamente para ciertos efectos.

Con cualquier tipo de disolventes o aguadas preparadas, lo fundamental es siempre el tiempo. Hay que preparar todo antes de empezar a pintar, para que no haya que pararse una vez que se ha comenzado un lienzo de pared: hay que llegar de una a otra esquina. Empezar siempre por la esquina de arriba, alternando para trabajar

Aguada (veladuras)

Trapeado

Panelado en madera

Gradación de colores

Efectos decorativos con pintura diluida

Envejecimiento	Mármol pétreo	Veteado
Trenzado de cesta	Frotado	Yeso pulido
Felpilla («Chenilla»)	Gradación de	Trapeado
Pared de yeso	colores	Bloques de piedra
Cielo nublado	Trapeado en capas	Decoración artística
Veladuras	Cuero	Panelado de pared
Damasco	Marmolado	Panelado en madera
Azul mahón	Nacarado	
Rastrillado	Veteado en color	

primero de arriba abajo y luego de través. Lo más importante de una aguada es su consistencia: será la variable más importante para el efecto de acabado. El decidir lo grueso o fino, opaco o traslúcido que tiene que ser el efecto dependerá también del color que se use, la capa de base y el efecto que se quiera.

Hay que preparar siempre más mezcla que la que se necesita, porque nunca se consigue dos veces la misma consistencia. Sin embargo, la aguada cunde mucho: de hecho, con 2,25 litros se pueden cubrir la mayoría de las habitaciones. Pero también se puede usar un jarro medidor al mezclar, anotando las cantidades para reproducir la mezcla.

Para una aguada, una buena capa de fondo es un satinado blanco; no cambia el tono de la capa de base ni de la de encima y tiene una superficie deslizante que no absorbe inmediatamente las dos mezclas de pintura.

Es complicado elegir colores distintos para la capa de base y la de encima, porque una cambia el aspecto de la otra, produciendo a lo mejor una tercera. La práctica es la única forma de saber lo que va a pasar; por ello, hay que probar algunas combinaciones de color sobre un trozo de cartón antes de trabajar las paredes. Pero hay que recordar varias cosas con respecto al color. Un color más oscuro sobre uno más claro dará un acabado oscuro, mientras que al contrario el acabado será apagado. Cuanta más diferencia de tono o de color haya entre la base y las capas de encima, mayor será el efecto. Si se usa una base blanca, la última capa no debe ser de un tono fuerte; habría que realizar el efecto perfectamente, porque la capa de base hará que se vea donde el efecto no está igual.

Con capas de muchos colores se puede dar una gran impresión de profundidad muy interesante. Pero si se usan capas de pintura látex hay que recordar que pueden ser muy opacas, por lo que tienen que estar bien diluidas para que no se oscurezcan los diversos colores.

Esponjado

Rayas pintadas a mano

Mosaico estampillado

Estarcido

Efectos decorativos con pintura sin diluir

Envejecimiento	Mate y brillante	Papel de pared
Bordes	Alicatado morisco	estampillado
Barniz agrietado	Fundido de colores	Estarcido
Rayas	con rodillo	Rayado
Pelado	Cielo	Suelo de goma
Brochazos «en seco»	Esponjado	
Plumeado	Cuadrados	
Rayas pintadas a mano	Mosaico	
Esponjado por capas	estampillado	

En definitiva, el color es cuestión de opinión personal y los colores pueden evocar toda clase de estados de ánimo, emociones y recuerdos. Con el color no hay nada bueno ni malo, aunque sí hay algunas reglas generales para ayudarnos en su elección.

El color

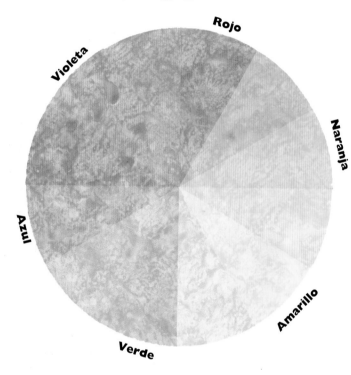

Rojo

Violeta

Naranja

Azul

Amarillo

Verde

La rueda de colores ilustra las reglas generalmente aceptadas para el color. Hay 12 colores que pertenecen a tres categorías. Se empieza con los tres colores clave primarios: rojo, amarillo y azul. Todos los demás son mezclas, en distintas proporciones, de estos tres primarios. Los tres colores secundarios se obtienen mezclando dos de los primeros en cantidades iguales: naranja (rojo y amarillo), verde (azul y amarillo) y violeta (azul y rojo). Por último, hay seis colores terciarios que se obtienen mezclando cada uno de los primarios con el secundario más próximo: amarillo y naranja, naranja y rojo, rojo y violeta, violeta y azul, azul y verde y verde y amarillo.

Los colores puros de la rueda de colores son muy intensos y raramente aplicables a la pintura de una habitación. Por ello, es más fácil convivir con un tono de un color más claro o más oscuro.

La cantidad de color que se usa en la habitación puede cambiar su ambiente o tener un efecto espectacular. Un color empleado en zonas grandes crea un ambiente general, mientras que el color en detalles pequeños actúa como un reflector, destacando un rasgo o un tono del color principal de la habitación. Un uso inteligente del color parece que cambia las proporciones visuales

◀ A los colores que están inmediatamente enfrente uno de otro en la rueda se les llama complementarios. Por ejemplo, el violeta es complementario del amarillo, como lo es el verde del rojo. Los opuestos se realzan el uno al otro y, por ello, parecen más intensos cuando se usan juntos.

◀ Colores en contraste son los opuestos, que no tienen una base similar. Si se usan juntos pueden formar un efecto espectacular, aunque deben ser del mismo tono.

◀ Los colores que están juntos en la rueda se dice que armonizan. El tener bases similares hace que vayan bien juntos. Por ejemplo, naranja, amarillo y rojo; o rojo, violeta y azul.

◀ Por regla general, se intenta describir a los colores primarios como «calientes» o «fríos», pero esto no es exacto. Hay tantísimos tonos de cada color que un azul basado en el violeta puede parecer cálido, mientras que otro azul basado en el verde podría parecer frío.

de una habitación, principalmente dividiéndola en partes. Normalmente, unos frisos para cuadros –a unos 60 cm del techo– o para asientos –a unos 90 cm del suelo– «parten» una habitación. La manera de rellenar el hueco entre esos frisos puede mejorar la perspectiva de la habitación. Por ejemplo, para que el techo parezca más bajo, pintar con un color oscuro hasta el friso de cuadros y con uno más pálido desde el friso hasta el techo. Para hacer más acogedora una habitación, pintar con un tono oscuro por debajo del friso de los asientos y con un tono cálido desde el friso para arriba y en el techo, «cerrando» así la habitación.

Los matices naturales son fáciles de ver y de incorporar a un interior. Los colores sintéticos pueden costar un poco más de tiempo y de práctica para usarlos bien y evitar que parezcan plásticos o muy chillones.

El uso de la textura junto con el color puede cambiar mucho el tono de éste y el ambiente general de la habitación. Los acabados compactos y brillantes van generalmente asociados a las zonas de trabajo, a la eficacia y la duración. Por otra parte, las texturas yesosas de varias capas dan un ambiente de comodidad y calidez a una habitación. Este efecto se realza también por la cantidad de luz que recibe la pared, que destaca la técnica utilizada. Una ver-

sión «rota» o velada de un color puede crear un ambiente totalmente distinto que su versión plana; por ejemplo, si se usa un rojo oscuro como veladura sobre blanco, el color «roto» descubre todos los tonos usados para hacer el rojo; pero este efecto tan fuerte se debilita si se da la mano de rojo sobre un color del mismo tono, como el naranja.

La única forma de ver el aspecto del esquema de colores y efectos elegidos es probarlo sobre un cartón y colocarlo en distintoa puntos de la habitación a distintas horas del día; así se tiene una idea de cómo resulta en cualquier circunstancia.

▲ Este azul pálido es un color extremadamente limpio y fresco; por ello, es ideal para un cuarto de baño.

◄ Con colores vivos se hace cálida una habitación; también, usando estos colores con un suave acabado velado, se crea un ambiente de tranquilidad.

hueso · crema · piedra

La gama de color hueso va casi desde el blanco hasta los matices oscuros de la piedra. Estos matices y tonos se combinan unos con otros y evitan contrastes chocantes. Técnicamente, todos se basan en el blanco, con un mínimo toque de color en ellos. Así, un crema basado en el amarillo va bien con otros amarillos, naranjas y rojos, mientras que un color piedra basado en el verde va bien con azules y verdes.

Este tipo de tonos es especialmente adecuado para aquellas partes de la casa con buenas vistas; hay que usarlos en una habitación desde la que se ve el mar o en una que da sobre los grises azulados del invierno o los tonos verdes más vivos de la primavera.

Cuando se elija un esquema de color neutro, hay que pensar también en la textura, para que su aspecto sea interesante. Estudiemos los dibujos y el aire de la piedra, el de las viejas paredes encaladas, el de las arenas batidas por el mar y la suavidad de la lana, el ante y el cuero. Y recreemos estos matices y texturas en la casa para conseguir un aire moderno.

La piel de ante es un material maravillosamente lujoso y es, con mucho, la tela de hoy, por lo que si se aplica un efecto de ante a las paredes resulta lo último en moda y estilo.

antes lisos y suaves

Para conseguir un efecto de ante, se dan dos manos de pintura, trapeándola y picándola con un trapo doblado. La segunda capa suaviza el resultado final y disimula las «juntas» dejadas en la primera capa trapeada.

La clave para producir este efecto es usar colores que parezcan ante auténtico: aquí, un cálido color ante sobre blanco da el aspecto de ante blando. Hay que usar tonos tierra naturales; si se pone una carta de colores directamente sobre un trozo de ante, la elección del color será buena. Si se quiere un efecto más oscuro, hay que ajustar el color de base tiñendo el blanco con un poco de la capa superior, para evitar que la diferencia entre ambas capas sea excesiva.

La técnica en sí imita la tela doblada y se puede graduar según el grosor y el tipo de trapo usado. Los de celusosa gruesos –como el empleado aquí– o la piel de gamuza harán marcas grandes y suaves de dobleces en la pintura. Si se quieren tener marcas muy apretadas, un trapo fino hecho de un material no muy poroso hace pequeños pliegues y quita menores cantidades de pintura, manteniendo claras las marcas impresas: esto es inviable para el efecto de ante pero, si se usa con un color vivo de piedra preciosa, se consigue un aspecto singular de terciopelo aplastado.

Para ir más deprisa se puede usar un rodillo especial de trapeado pero, para los bordes y esquinas, hará falta usar un trapo.

Fondo. Como este efecto implica varias capas coloreadas, éstas disimulan cualquier pequeña grieta o abolladura en las paredes, por lo que no hace falta rellenar. Las grandes sí que habrá que rellenarlas; en consecuencia, preparar la superficie con las instrucciones de las páginas 18-19.

1 La primera mano. Echar cantidades iguales de engrudo de empapelar y pintura látex mate color ante en un cubo y mezclar bien. Tomar una brocha de 7,5 cm y meter las cerdas hasta la mitad en la pintura. Quitar el exceso de ésta en el borde del cubo. Empezando en una esquina de arriba de la habitación, aplicar la pintura a una zona manejable, aproximadamente un cuadrado de 90 cm de lado. Dar los brochazos en todas direcciones.

MATERIALES Y HERRAMIENTAS

- Pintura látex mate color ante cálido.
- Engrudo de empapelar.
- Brocha de 7,5 cm.
- Un trapo grueso de celulosa o piel de gamuza.
- Un cubo de pintor.

2 Suavizar. Inmediatamente usando la misma brocha y picar sobre todo lo pintado con golpecitos para quitar las huellas de los brochazos anteriores.

3 Trapeado. Hay que trabajar deprisa. Doblar muy apretado un trapo grueso de celulosa o una piel de gamuza y picar y frotar sobre la superficie húmeda. Esto hará pliegues en la pintura, al quitar algo de ella donde el trapo toca la superficie. Variar el ángulo del trapo y volverlo a doblar frecuentemente, para obtener un aspecto natural no demasiado regular. Trabajando deprisa, dar la pintura con brocha sobre la siguiente parte de la pared (90 cm de lado), pintando hasta el trozo anterior pero sin solaparlo. Usar la misma brocha «picando» para disimular los brochazos. Para unir este lienzo con el anterior, sin que queden «costuras», picar sobre la unión de ambos. Coger enseguida el trapo y dar golpecitos como se dijo antes, haciendo algo más de presión sobre la unión. Seguir por toda la pared y secar completamente.

4 La segunda mano. La mezcla para la segunda mano tiene que estar algo más diluida que la primera, para que la cobertura no sea muy opaca. Mezclar 1,5 partes de engrudo y 1 parte de pintura látex. Antes de empezar a aplicar esta segunda capa, fijarse bien dónde están las juntas de la primera: hay que trabajar en trozos de pared distintos para disimular dichas juntas. Con la brocha de 7,5 cm, dar brochazos en cualquier dirección para cubrir un trozo de pared.

5

Seguir suavizando. Usar la misma brocha para picar la pintura y disimular los brochazos anteriores.

6

Más trapeado. Volver a doblar el trapo, más suelto, y dar golpecitos o frotar con él sobre la pintura húmeda, para quitarla en algunos sitios. Volver a doblarlo y cambiar de ángulo, para que el acabado sea desigual y fluido. Siguiendo el paso 3, seguir cubriendo la pared con pintura picada y trapeada. Dejar secar.

Trucos del oficio

■ Este efecto hay que hacerlo con rapidez, por lo que lo más fácil es que trabajen dos personas a la vez. Una de ellas debe hacer siempre el trabajo de brocha y la otra el trapeado, porque no hay dos pintores que lo hagan igual. Haciéndolo así habrá menos uniones —si es que hay alguna— en la pintura y el acabado tendrá un aspecto profesional.

Las paredes de piedra son perfectas si se quiere conseguir un aspecto rústico en la casa, pero en realidad suelen ser frías y polvorientas, por lo que esta imitación proporciona una versión cálida y limpia de la piedra arenisca.

paredes de piedra

Este efecto trata de imitar el aspecto real de una pared de bloques de piedra arenisca. Por ello resultará de una gran ayuda ver una pared auténtica, para escoger bien el color y crear el efecto. Los matices de la piedra arenisca real van desde el crema pálido al amarillo oscuro, por lo que los tonos a elegir pueden variarse, según la intensidad de color adecuada para la zona que se pinte. Usar siempre dos tonos en contraste, con el más oscuro para la capa de base.

Para hacer la textura, se usan dos técnicas distintas: el esponjado y los brochazos «en seco». La capa de encima, más clara, aplicada con poco espesor e igualada con brocha «seca» no hace desaparecer la capa base, con lo que se crea un aspecto fantasmagórico. Luego, se realza un lado del «bloque de piedra» mediante un esponjado. Nótese que el lado realzado debe estar en el lado de donde viene la luz, que normalmente será la ventana más grande de la habitación.

Fondo. Como este efecto consiste en frotar la pared con una esponja con pintura, cualquier defecto de la superficie se notará más. Pero como lo que pretende esta técnica es imitar la piedra arenisca —en la que son normales las grietas y abolladuras— los defectos realzan el efecto general, aunque se verán más de lo que realmente se ven. Es una cuestión de gusto personal. Si en vez de un efecto fuerte se prefiere uno más liso y fino, habrá que rellenar y lijar las grietas y abolladuras. Para ello, preparar la superficie siguiendo las instrucciones de las páginas 18-19.

1 Capa de base. Echar algo de pintura látex mate color amarillo ocre en un cubo. Mojar en la pintura la parte delantera de la esponja, quitar el exceso en el borde del cubo y frotar la pared con un movimiento circular.

MATERIALES Y HERRAMIENTAS	■ Pintura látex mate amarilla ocre. ■ Pintura látex mate crema. ■ Pintura látex mate color bizcocho.	■ Esponja sintética. ■ Brocha de 2,5 cm. ■ Pincel de delinear.	■ Cubo de pintor. ■ Cartulina para estarcir de 43 x 30 cm. ■ Lápiz.

2 Primera capa. Echar pintura látex mate crema en un cubo de pintor limpio. Mojar las puntas de una brocha de 10 cm en la pintura y quitar el exceso en el borde del cubo. Aplicar sobre la pared en cualquier dirección, con la brocha casi paralela a la misma.

3 Capa de encima. Trabajar sobre una zona manejable (unos 90 x 90 cm). Llegar con la brocha lo más lejos posible, sin que la pintura quede muy espesa. Sin volver a mojar la brocha, cubrir los brochazos que se vean demasiado. Trabajar en cualquier dirección, con brochazos largos. Cubrir toda la zona tratando de que la textura sea muy veteada y sin tapar del todo la capa de base. Pasar a la zona continua y aplicar la pintura de la misma manera, fundiendo el borde de la primera mediante la brocha seca. Dejar secar.

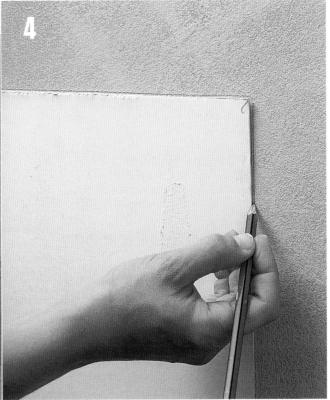

4 Marcar los bloques de piedra. Tomar un rectángulo de cartulina (de 43 x 30 cm) para usar como plantilla para los bloques. Empezando en una esquina inferior de la pared, usar el pincel para marcar alrededor de la plantilla. Seguir marcando la hilera de abajo de la pared, con los bloques juntos. Cada bloque de piedra debe ser un poco desigual, para que parezca real. Para la segunda fila de bloques, escaquearlos de manera que hagan el dibujo de una pared de ladrillo.

PAREDES DE PIEDRA

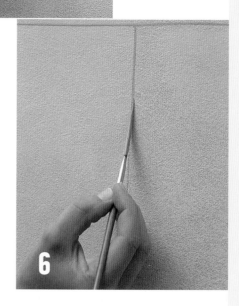

5 **Resaltes.** Arrancar un trocito de la esponja. Mojarlo en la pintura látex color crema, dejando en el borde del cubo la mayor cantidad posible. Frotar la esponja siguiendo los bordes superior y laterales de cada bloque, para realzarlos y que se distingan unos de otros. Luego, usar la esponja para «fundir» la pintura hacia el centro del bloque. Seguir hasta terminar todos los bloques, variando la cantidad de pintura esponjada en cada uno. Dejar secar.

Trucos del oficio

■ Si se arquean las uniones entre algunas líneas horizontales y verticales, el aspecto de piedra «trabada» es más real, al ser redondeadas las esquinas. Es mejor que los arcos sean pequeños, en vez de hacer grandes líneas de unión.

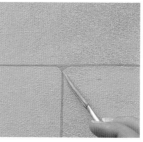

■ Para esta técnica, la única habilidad que verdaderamente se necesita es el delineado. Un pincel especial ayuda muchísimo, no sólo para que las líneas salgan derechas sino para ir más deprisa. La herramienta normal que usan los pintores de letreros es el pincel de rotular; con él se trazan líneas largas e iguales, cuya anchura depende del tamaño del pincel que se use. Tienen un pelo muy largo y fino, que permite que el pincel cargue mucha pintura. Pero estos pinceles no son fáciles de usar y se necesita práctica para manejar las cerdas largas. Una buena alternativa es un pincel de delinear, como el que se usa aquí; tiene las cerdas más cortas y lleva menos pintura que el de rotular, pero es más fácil de manejar.

6 **Delineado.** Disolver algo de pintura látex mate de color bizcocho en agua en un cubo, hasta que tenga la consistencia de la nata fina. Usando un pincel de delinear, pintar con cuidado sobre las rayas de lápiz. Si se aprieta el pincel, la línea será más gruesa, por lo que hay que ir variándola para que el efecto sea más natural.

Gama orgánica

Usando los tonos y matices de materiales naturales –como la piedra, el mármol y las conchas– hay una serie de técnicas que se pueden aplicar para decorar con variedad las habitaciones: desde el aire ligero y vaporoso de una pintura color perla al estilo moderno de un borde geométrico.

▲ Barniz agrietado

El uso sutil de un barniz para veladuras, de color hueso y agrietado (ver página 73) en una casa de época realza el aspecto envejecido de una habitación; es especialmente adecuado para una habitación formal, como un comedor o una biblioteca.

▼ Enlucido de cal

Para obtener el tradicional aspecto de un enlucido de cal antiguo y con textura, se dan varias capas de diversos tonos una sobre otra. Una capa de base de un beige cálido da profundidad al conjunto, mientras que los dos tonos de encima –de colores caliza y hueso– producen el efecto de textura. Al aplicar estas dos capas, hay que dejar que se vea un poco el color beige de base. Ésta es una técnica eficaz para usar sobre un trozo de pared poco liso y desigual, porque la textura disimula los defectos de la superficie.

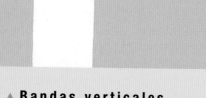

▲ Bandas verticales

Hay varias formas de hacer bandas de color con los bordes rectos. Marcarlas con cinta de carrocero lleva mucho tiempo y, a veces, la pintura se mete por debajo o la cinta levanta algo la capa de base al quitarla. Si se usa un rodillo para pintarlas, los bordes serán desiguales. La manera más fácil y más rápida de tener bordes nítidos es usar una plantilla de pintor, que se puede conseguir en varios anchos. Sólo hay que trazar una línea de arriba abajo de la plantilla. Aquí, sobre una base de color piedra pálido se han pintado unas bandas de color piedra medio usando una plantilla de 20 cm.

▲ Trampantojo

Aquí, un efecto de trampantojo (ver páginas 112–115) sobre una pared en color hueso simula el aspecto de una suntuosa cortinilla de color verde grisáceo, dando la impresión de que la cortinilla se prolonga alrededor de todo el baño. Esta técnica es una forma eficaz de decorar la pared para complementar otros rasgos de la habitación.

◢ Picado simple

En este ejemplo, la técnica del picado –dar golpecitos con una brocha o cepillo especial de picado sobre una capa húmeda para hacer unas marcas de puntitos– se ha variado ligeramente: la brocha usada para dar la capa se ha empleado también para picarla. Empezar con una capa de base consistente de color crema oscuro; después, mezclar cantidades iguales de pintura látex mate de un color blanco puro y agua o engrudo de empapelar. Dar la pintura en la pared con brochazos aleatorios; inmediatamente después, picarla dando golpecitos. Una brocha normal hace unas marcas más grandes que una de picado, produciendo así un efecto más fuerte. Cuidado con que no se corra la pintura: si se trabaja desde la parte alta de la pared hacia abajo, se evitarán muchos problemas.

◢ Borde geométrico

Se puede hacer un borde como éste alrededor de la habitación sin tomar medidas. No hay más que calcular el espacio a ojo y trazar las líneas con un nivel de carpintero. Empezar con una capa de base consistente, de color beige claro, y después usar un beige medio para los rectángulos más grandes, siguiendo con el color más oscuro (berenjena), que cubre con facilidad los colores más claros. El tono berenjena sólo se debe usar en los rectángulos pequeños, para que no resulte demasiado dominante. Sobre los rectángulos se da un barniz para veladuras especial de color perla: es un barniz semitraslúcido, que produce una serie de tonos al aplicarse sobre los otros colores ya pintados.

◀ Mármol fósil

Este efecto sólo se puede intentar sobre una pared completamente lisa y vertical, que permita que los colores de la pintura liguen bien. Diluir pintura látex mate de color beige pálido con agua hasta la consistencia de la nata fina. Mojar una brocha de cerdas cortas en la pintura diluida y luego salpicarla: sacudir el mango de la brocha para hacer pequeñas marcas de color en la pared. Para «hacer» una pared, salpicar primero un color; luego, dejar secar antes de salpicar el segundo tono crema de la misma manera. Así quedarán bien definidos los colores. También se puede conseguir este efecto con paneles planos que luego se fijen a la pared. Salpicar el primer color hasta que quede cubierta casi toda la capa blanca de base y después salpicar el segundo tono cuando el primero está todavía húmedo. Dejar que la pintura haga el resto del trabajo, ligando un poco entre ella pero sin llegar a mezclarse.

◀ Nacarado

Para conseguir un efecto nacarado, se emplea una pintura diluida perlada, una especialidad con un acabado ligeramente brillante y color perla. La capa de base puede variar del beige al rosa salmón. Si se emplea como referencia una pieza auténtica de nácar, observar las diferentes sombras que aparecen bajo el brillo. En este ejemplo, se dio una pintura diluida rosa sobre una capa de base beige, seguida por una capa espesa de pintura color madreperla. Se picó la pintura nacarada a golpecitos para disimular cualquier señal de brochazos. Al secarse, se volvió a aplicar otra capa nacarada, picada como se ha hecho antes.

▲ Envejecido

Una simple pintura diluida envejecerá y dará profundidad a cualquier superficie. Para el efecto final, será determinante la elección de la capa de base. Si se quiere un tono claro, emplear una capa de base color crema pálido. Diluir mucho algo de pintura acrílica para madera de secado rápido –unas cuatro partes de agua por una parte de pintura para madera– y esponjarla levemente sobre toda la superficie. Hay que tener cuidado de quitar inmediatamente con una servilleta de papel cualquier goteo. Este efecto acentúa cualquier zona picada o agrietada, mientras que si se añade un poco de marrón claro se obtendrá una impresión de envejecido natural.

limón · amarillo ocre · naranja

La diversidad de colores amarillos, naranjas y ocres hacen que esta paleta sea muy viva para trabajar con ella. Pensemos en la gama de colores que hay entre el amarillo mantequilla y el mostaza color tierra, el naranja vivo y el siena crudo. Los colores complementarios de esta paleta van desde los clásicos terracota a los rojos oscuros, pero esta gama va también bien con tonos en contraste, como el azul o el púrpura. Si se combinan amarillos y naranjas con otros colores, lo mejor es que los tonos y colores nítidos vayan juntos e, igualmente, que las variantes apagadas se unan.

Supongamos que va a utilizarse esta gama de colores en una habitación fría y con poco sol. La calidez de la gama del amarillo y el naranja puede hacer acogedora la habitación, aunque pareciera que era demasiado fría para serlo. Pero como estos colores suelen ser vivos, es importante emplearlos más apagados, por ejemplo en capas diluidas o en efectos sencillos de «brocha seca»; es mejor esto que dar los colores compactos, cosa que puede hacer agobiante una habitación, por muy fría que sea.

Una manera de conseguir un empapelado único es no andar por las tiendas buscando algo distinto, sino crear nuestro propio «empapelado» a base de pintura y estarcido.

papel pintado

La sencilla técnica del estarcido permite repetir dibujos y pintarlos con rapidez en toda la pared. Se consigue un aspecto de papel pintado a mano usando sólo una línea de guía para situar los dibujos, para que éstos no sean tan iguales. Si se quiere que sean más regulares, se puede trazar una línea de guía para cada fila.

Se pueden hacer las plantillas con cartulina especial de estarcir —encerada— o con láminas de plástico o de acetato, lo que se tenga más a mano. Recortar la plantilla de estarcido usando un cuchillo de artesano. Al usarla, hay que limpiarla de vez en cuando para que quede siempre bien pegada a la pared.

El dibujo que se ha usado aquí es muy vivo, por lo que es más adecuado para usar sobre una pared que tenga algún rasgo saliente —como una chimenea o unas hornacinas— para que el dibujo no resulte oprimente. Recordar que lo mejor es dar el color más oscuro (aquí es un amarillo pálido) sobre el más claro (un blanco nítido) para que la pintura cubra mejor.

Fondo. Con esta técnica, la superficie de la pared debe estar perfecta. Si se hace el estarcido sobre una superficie desigual, el dibujo se distorsiona: no sólo se resalta el problema sino que resulta imposible casar los dibujos repetidos. Hay que trabajar sobre un enlucido de yeso nuevo o sobre papel de forrar grueso. Preparar la superficie siguiendo las instrucciones de las páginas 18-19.

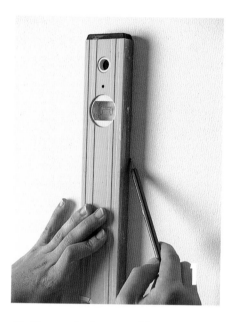

1 Capa de base y línea de guía. Dar dos manos de pintura látex mate blanca con un rodillo y dejar secar. Esta capa debe ser compacta y uniforme, por lo que si se trasluce algún color (normalmente, cuando se ha recubierto algún color muy oscuro) hay que dar una capa más. Usando un nivel de carpintero, trazar una línea vertical en medio de la pared para que haga de guía a la primera hilera de estarcido.

| **MATERIALES Y HERRAMIENTAS** | ■ Pintura látex mate blanca.
■ Pintura látex mate color amarillo pálido. | ■ Rodillo y bandeja.
■ Una brocha grande de turón.
■ Un pincel pequeño de artista. | ■ Cartulina para estarcido.
■ Cinta métrica.
■ Un lápiz.
■ Un nivel de carpintero. | ■ Cinta de carrocero poco adhesiva.
■ Un trapo húmedo. |

2 3

Preparación del estarcido. Cortar un trozo de cinta cubridora de la longitud aproximada del ancho de la plantilla. Apretarla contra nuestra ropa para quitar el exceso de adhesivo y que no pueda levantar nada de pintura de la pared. Poner la cinta a lo largo de la parte alta de la plantilla de estarcir: esto permite levantarla y comprobar cómo va el estarcido mientras se está pintando, sin tener que volverla a alinear. Sujetar otro trozo de cinta, de la misma manera, a la parte de abajo de la plantilla. Buscar una parte de la plantilla que encaje bien con la línea de guía y pegar la cinta de carrocero a la pared.

El dibujo siguiente. Levantar la plantilla y despegar con cuidado la cinta de carrocero de arriba. Volver a colocarla junto al primer estarcido, alineándola con éste.

Estarcido. Verter un poco de pintura látex de color amarillo pálido en el pocillo de una bandeja de rodillo limpia, dejando un trozo de la parte plana de la bandeja para enjugar el exceso de pintura. Mojar la brocha grande de turón en la pintura y quitar el exceso. Al estarcir, hay que aplicar poca pintura. Hacer el dibujo dando golpecitos con la parte plana de la brocha. Cuando haga falta, añadir pintura, pero en poca cantidad. Despegar con cuidado la cinta cubridora de la parte de abajo de la plantilla; levantar ésta mientras sigue sujeta por la parte de arriba y ver si la pintura cubre por igual. Si es necesario, sustituir la plantilla y repetir el estarcido.

4

Seguir la fila. Seguir haciendo el estarcido con pintura amarilla, como antes. Usar un trapo húmedo para limpiar de pintura los bordes inferior y superior de la plantilla, para que se pueda ver a través del acetato para alinearla en el lugar siguiente. Continuar, siguiendo los pasos 3, 4 y 5, a lo ancho de toda la pared.

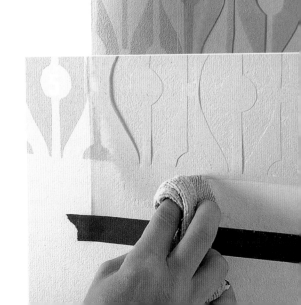

6 La fila siguiente. Para empezar la fila de debajo, alinear el borde superior de la plantilla de estarcir con el borde de la pintura de arriba. Sujetar la plantilla a la pared con cinta.

7 Completar el trabajo. Continuar, siguiendo los pasos 3, 4 y 5. Hacer lo mismo para alinear la plantilla en filas, por debajo y por encima de las anteriores, hasta completar el dibujo en toda la pared. Dejar secar. Si hay algún borrón o se ha corrido la pintura en algún sitio, se retoca al final usando el color de base y un pincel pequeño de artista.

Trucos del oficio

■ Esta técnica lleva mucho tiempo por lo que, para ir más deprisa, se pueden hacer varias fotocopias de la plantilla, unirlas con cinta para formar una fila y recortar una plantilla grande de una lámina larga de acetato. Esto cuesta un poco de tiempo pero, si la pared es grande, se recupera con creces.

■ Al estarcir, en lugar de usar una brocha de turón, se puede usar un rodillo de espuma (de los que se usan para dar esmalte) poco cargado. Asegurarse de que el rodillo está completamente seco antes de empezar. Cualquier humedad diluye la pintura, haciendo que se corra por debajo de la plantilla. Lo mismo que en el estarcido con brocha, no cargar mucho el rodillo: enjugar el exceso en la parte plana de la bandeja.

■ Si se usa sobre un lienzo pequeño de pared, esta técnica no emplea mucha pintura; puede ser más económico usar tubos de acrílico o pinturas de estarcir, que vienen en una serie de colores.

Los matices tostados del amarillo iluminan cualquier habitación.
Esta sencilla técnica es una excelente manera de animar una
habitación pero, especialmente, una informal y de mucho uso.

pintura diluida en varios tonos

Cuando se dan dos manos de pintura diluida de distinto color, una sobre otra, se crea un tercer color; el efecto de veladuras hace que los tres tonos se fundan en la misma pared.

La primera mano –de color naranja tostado– da calidez y profundidad al conjunto y parece muy fuerte cuando se aplica directamente sobre una capa de base blanca. Después, este color «pierde» mucho con la segunda mano de amarillo ocre, aunque se conserva el matiz cálido general. Como los colores se apagan el uno al otro, la ejecución de la técnica no es demasiado importante, aunque no hay que dar demasiada pintura a los lienzos de la pared, para que no desaparezca el color de debajo. Con brochazos rápidos y amplios se obtiene un buen efecto abierto.

Si se da –como aquí– un color más claro sobre otro más oscuro, se suavizan mucho la fuerza del primer tono y los trazos de la brocha. Para que este efecto funcione, los dos colores deben tener un valor tonal parecido: al ser más pálida la capa amarilla de abajo no resistiría un naranja demasiado fuerte.

Fondo. Este efecto disimula y realza a la vez cualquier defecto de la pared, con lo que el aspecto general es desigual. Por ello, las abolladuras o las grietas se ponen de relieve con los brochazos. Pero como se dan en todas direcciones, será toda la superficie la que parezca desigual. Luego habrá que alisar los extremos con una segunda capa, porque el color más claro sirve para apagar el efecto final. Por consiguiente, si la superficie es desigual se la puede rellenar o dejarla como esté. Según lo que se decida, preparar la pared siguiendo las instrucciones de las páginas 18-19.

MATERIALES Y HERRAMIENTAS	■ Pintura látex mate de color naranja tostado. ■ Pintura látex mate amarillo ocre.	■ Engrudo de empapelar. ■ Una brocha de 10 cm. ■ Un cubo de pintor.

1 La primera capa. Mezclar dos partes de engrudo de empapelar con una parte de pintura látex naranja tostado en un cubo de pintor y revolver concienzudamente. Meter la punta de la brocha de 10 cm en la mezcla y enjugar el exceso en el borde del cubo. Empezando en una esquina de arriba, aplicar la pintura dando golpecitos sueltos a una zona manejable (un cuadrado de unos 90 cm de lado).

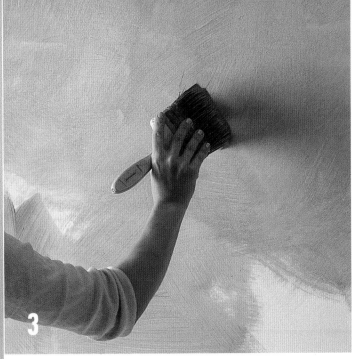

2 Tendido con la brocha. Mientras todavía está húmeda la pintura y sin cargar nada de ella en la brocha, tenderla con brochazos largos en todas direcciones para unir las marcas, dejando una capa ligera y traslúcida.

3 Continuar pintando. Pasar a una zona contigua de parecido tamaño. Aplicar la pintura con golpecitos aislados y tenderla luego con brochazos largos como en los pasos 1 y 2. Fundir el borde de este segundo lienzo con el del primero utilizando la brocha seca.

4 Terminar de pintar. Seguir aplicando la pintura en zonas manejables y fundiendo los lienzos con una brocha seca. Sostener la brocha por las cerdas y sacudirla hacia fuera en todas direcciones, para que el efecto sea natural, con textura y no regular. No aplicar la pintura con golpes en el borde de la pared sino usar la brocha seca para fundirla hasta las esquinas. Dejar secar completamente.

45

5 **La segunda capa.** Mezclar dos partes de engrudo de empapelar con una parte de pintura látex mate de color amarillo ocre en un cubo y revolver concienzudamente. Mojar la punta de una brocha limpia de 10 cm en la mezcla y aplicarla a golpecitos sobre la capa anterior. Trabajar en zonas de tamaño manejable, pero que no coincidan con las de la primera mano.

6 **Seguir pintando.** Sin cargar la brocha con más pintura, tenderla con brochazos largos para unir los trozos pintados y conseguir un acabado completo claro. Seguir con los pasos 2 a 4 hasta que esté cubierta toda la pared. Una vez seca, los trozos que hayan quedado demasiado finos se pueden repintar con un mínimo de pintura para igualar.

Trucos del oficio

■ Cualquier efecto con pintura diluida depende para su aspecto del color «roto» o veladura, aunque también debe parecer nítido. Para rematar el acabado, se puede dar otra capa de pintura por los bordes para que parezca más compacta en esas zonas. El zócalo y la cornisa hay que pintarlos también con un color compacto.

El antiguo arte del mosaico es intemporal. Sin embargo, un alicatado requiere a la vez tiempo y dinero, mientras que un efecto de mosaico pintado es bonito y se puede cambiar tantas veces como se quiera.

mosaico estampillado

La ténica para hacer un efecto de mosaico con pintura utiliza una estampilla recortada de un trozo de gomaespuma densa y tres colores, usados por separado y parcialmente fundidos. Como el efecto general es fuerte, lo mejor es limitar el dibujo a una zona pequeña en vez de cubrir toda la pared, lo que podría ser oprimente a la vista. La zona entre el friso de las sillas y el zócalo es el lugar perfecto para este acabado.

Fondo. La parte superior de la pared tiene que estar completamente lisa, ya que va pintada en un color plano y compacto que dejará ver cualquier defecto: hay que seguir el proceso habitual de rellenar, lijar e imprimar. En cambio, el mosaico estampillado cubre y disimula prácticamente cualquier defecto, porque la pintura es muy gruesa y el dibujo y el color son muy variados. Si hay agujeros que no se han rellenado con el primer estampillado, se pueden retocar con un pincel. Preparar las superficies siguiendo las instrucciones de las páginas 18-19.

1 Capa de base. Dar dos manos de pintura látex mate de color beige pálido a toda la pared (incluido el friso a la altura de las sillas), utilizando un rodillo o una brocha grande. Usar una brocha de 2,5 cm para recortar los bordes. Dejar secar la primera mano antes de aplicar la segunda y dejar también que se seque la segunda antes de comenzar con el paso siguiente.

MATERIALES Y HERRAMIENTAS			
■ Pintura látex mate beige pálido. ■ Pintura látex mate naranja. ■ Pintura látex mate roja.	■ Rodillo de pintar con su bandeja. ■ Una brocha grande. ■ Tres brochas de 2,5 cm.	■ Un pincel pequeño de artista. ■ Cinta de carrocero poco adhesiva. ■ Papel.	■ Lápiz. ■ Regla. ■ Cola en spray. ■ Gomaespuma muy densa. ■ Un cuchillo de artesano.

2 Poner la cinta cubridora.

Usar una con poco adhesivo para tapar la parte inferior del listón para el respaldo de las sillas y también por encima del zócalo, para aislar la zona a pintar.

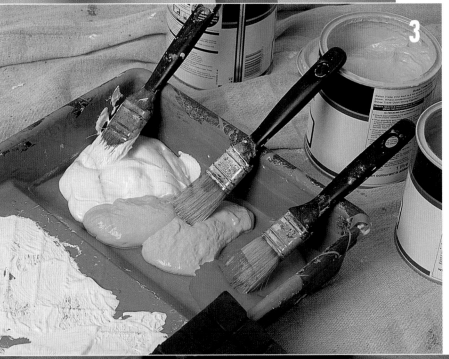

3 Preparación de la pintura.

Verter un poco de los tres colores de pintura –beige, naranja y rojo– en la parte baja de una bandeja de rodillo limpia: uno a cada lado y otro en medio. Las pinturas látex mate son lo bastante densas como para no correrse inmediatamente.

4 Fundido parcial.

Usar una brocha limpia distinta para cada color y aplicar cantidades generosas en la superficie plana de la bandeja. Fundir un poco los colores en algunos sitios, pero sin mezclarlos del todo, porque lo que se pretende es que se vea una serie de colores.

49

5

Estampillado. Para estampillar, cortar un trozo de gomaespuma muy densa usando un cuchillo de artesano afilado. Hacer una plantilla de papel con cuadrados de 2,5 cm de lado de bordes redondeados y muy próximos. Fijar la plantilla a la gomaespuma usando cola en spray. Cortar alrededor de cada línea con el cuchillo y quitar las partes recortadas de la plantilla según se va trabajando. Con cuidado, hacer salir por presión los canalillos que vayan quedando. Cuanto más grande sea la estampilla, más rápido y fácil será el estampillado. Apretar la estampilla contra la pintura hasta que esté bien cubierta, pero sin que gotee por exceso de pintura.

6

Estampillado. Empezando por el ángulo superior izquierdo del lienzo de pared que hay bajo el friso o listón, colocar la estampilla sobre ella y apretar, teniendo cuidado de que no se deslice.

7

Completar el estampillado. Despegar de la pared limpiamente la estampilla, empezando por un lado. El aspecto general de la pintura debe ser veteado, sin que los distintos colores se fundan mucho entre ellos ni se embarren. Volver a cargar la estampilla –añadiendo más pintura a la bandeja si es necesario– y seguir trabajando la pared aplicando la estampilla al lado del estampillado anterior y dejando un pequeño hueco para imitar la línea con lechada de cal. Cuando se comience a estampillar la fila de debajo de la primera, recordar que los «baldosines» deben ir alineados en vertical. Seguir hasta terminar y dejar secar.

Trucos del oficio

■ Si alguno de los baldosines pintados del mosaico se ha fundido con el de al lado, usar un pincel pequeño para pintar una línea que los separe con el color de base.

Tonos dorados

Los vivos tonos del amarillo y del naranja se pueden emplear para hacer acabados apropiados para cualquier habitación, desde cuartos de baño a dormitorios; y se pueden usar con todas las técnicas, desde el picado al estarcido: es la paleta de colores realmente más versátil.

◄ Esponjado fino

El amarillo limón forma una buena capa de base para un efecto de esponjado de color verde pálido (ver páginas 102-105), ya que los dos tonos son lo bastante sutiles como para ir muy bien juntos; el resultado es un ambiente fresco y limpio en este baño.

► Aguada esponjada

Un efecto de pintura rápido y fácil para pintar zonas grandes —como escaleras y rellanos— es una aguada con pintura diluida (ver páginas 20-21). Pero, si se quiere suavizar su aspecto, se pueden disimular las marcas de brocha usando la técnica del esponjado (ver páginas 102-105).

◄ Pintura envejecida

Para producir este efecto de envejecimiento, se usan como barreras entre las capas de pintura cera de velas y gelatina de petróleo. Elegir varios tonos de pintura látex mate amarilla y aplicar una capa consistente del tono más oscuro. Una vez seca, dar brochazos largos de gelatina de petróleo a la superficie, espaciándolos caprichosamente para imitar la veta de la madera. La gelatina no se seca, por lo que se puede pintar encima inmediatamente. Dar suavemente el segundo tono algo menos oscuro del amarillo, sin embarrar demasiado la gelatina. Cuando se seque esta capa, rascarla junto con la gelatina usando un rascador de pintura y luego lavar la superficie con agua jabonosa para que salga toda la gelatina. A continuación, dar cera en la superficie en la misma dirección que la pintura que se ha rascado y pintar una capa consistente con el amarillo más claro. Una vez seca, rascar la pintura que va sobre las partes enceradas. La gelatina de petróleo da lugar a unos trozos «pelados» más grandes que los dados con cera; si se usan ambas cosas, la técnica resulta más eficaz.

◀ Trenzado de cesta

Ésta es una versión de la técnica de pintura
diluida estructurada y más «apretada»,
usando sólo una brocha de 2,5 cm. Para que
parezca «mimbre», se ha usado un amarillo
ocre sobre una capa de base blanca y plana.
Mezclar cantidades iguales de pintura látex
mate color amarillo ocre y agua o engrucdo
de empapelar. Aplicar la pintura en zonas
grandes y después hacer el dibujo de
trenzado marcando formas de «V» por filas
en la mezcla húmeda con la brocha de
2,5 cm. Seguir con el trozo siguiente,
solapándolo un poco con el anterior.

◀ Fundido con rodillo

Ésta es una de las técnicas de pintura más sencillas y rápidas y, por ello, es adecuada para grandes lienzos de pared. En su forma más simple, es una manera rápida de fundir parcialmente dos colores directamente en la pared. Es importante la elección de tonos, porque los colores, al mezclarse, no deben producir un tercer color embarrado. Aquí se han usado juntos el amarillo pálido y un naranja, porque se funden bien y son de tonalidades parecidas, por lo que ninguno de ellos «se come» al otro. Para darle más dimensión al acabado, se usa una capa de base distinta: un blanco que no queda totalmente cubierto y aclara el efecto de fundido. Verter los dos tonos de pintura látex mate en la misma bandeja y agitar suavemente para que se mezclen un poco, pero sin fundirse del todo. Aplicar la pintura con el rodillo como de costumbre. También se pueden fundir los colores, estando aún húmedos, en la propia pared cambiando el ángulo del rodillo en cada pasada. Si se usa un rodillo de mampostería de pelo largo, las marcas serán también interesantes.

▶ Pared de arcilla

La aguada es una buena técnica para imitar el aspecto de yeso de una arcilla sin acabar. Como se trata de imitar una superficie muy concreta, las variaciones de color se limitan a los colores básicos de la arcilla, con un crema pálido para la capa yesosa de encima.

Aplicar una capa espesa y sin diluir de pintura látex mate de color arcilloso sobre el blanco en todas direcciones, obteniendo al secarse un efecto veteado semi—consistente. Mezclar una parte de látex mate crema pálido y tres partes de agua o engrudo de empapelar y aplicarla sobre la base (ver pasos 1-4, páginas 44-47); para imitar una textura muy polvorienta, harán falta dos manos de crema.

◄ Picado fino

Esta técnica implica hacer marcas de puntitos sobre una capa de pintura dando golpecitos con una brocha o cepillo de picar. Sobre una capa de base de color naranja, aplicar una capa diluida de blanco puro, mezclando cantidades iguales de látex blanco y agua o engrudo de empapelar. Dar golpecitos con las cerdas del cepillo de picar en la pintura húmeda, para producir una serie de puntitos. El efecto resulta muy fino, por lo que, si se quiere que sea más fuerte, hay que usar tonos en contraste.

► Cenefa estarcida

Pintar un friso decorativo es una forma rápida de revitalizar un esquema de color ya existente; un estarcido es una estupenda forma de mejorar su aspecto con el mínimo esfuerzo. Normalmente, un friso es una franja horizontal alrededor de una habitación a la altura del listón de las sillas, el de los cuadros o a la altura del techo, aunque también se pueden hacer cuadros o bandas verticales. Usar una plantilla de estarcir de acetato, que es fácil de casar, para ir repitiendo el dibujo (ver pasos 1-5, páginas 40-42). El estarcido se hará con brocha seca (ver paso 4, página 68) con una pintura muy diluida hecha de una parte de látex mate crema pálido y tres partes de agua o engrudo de empapelar, para dar un aire espolvoreado a la pintura.

◄ Dibujos modernos

La pintura diluida puede ser una base eficaz para otros dibujos o frisos. Mezclar cantidades iguales de látex mate de color amarillo apagado y agua o engrudo de empapelar y usar una brocha grande para aplicarla en todas direcciones (ver pasos 1-4, páginas 44-47). Para que resalten del fondo nebuloso, dibujar unos círculos en la pared y pintarlos consistentemente con la misma pintura sin diluir. En vez de pintar a mano los círculos, se puede recortar una estampilla de gomaespuma o usar una plantilla de acetato (ver páginas 40-42 y pasos 5-7 de las páginas 49-50).

rojo · terracota · burdeos

Para diseñar un interior acogedor, uno de los elementos clave es crear un ambiente. Si uno prefiere la influencia del trópico –donde el sol brilla día tras día– descubrirá que los colores que producen una sensación de bienestar son los rojos vivos y los terracota terrosos. Entrar en una habitación decorada con los diversos tonos y matices de esta paleta de colores puede ser enriquecedor: envuelven la habitación, creando un ambiente positivo y acogedor de una forma que no pueden hacer los colores fríos del espectro.

Estos colores son especialmente vivos, por lo que suelen ir bien con otros tonos elegantes que hacen de contraste –como el azul marino o el verde jade– mientras que los colores planos, como el topo o gris oscuro, pueden moderar el efecto de conjunto.

Aunque esta paleta abarca algunos de los tonos más calientes de la rueda de colores –el escarlata, el burdeos y el berenjena–, pueden parecer muy pesados y oscuros, por lo que conviene usarlos en zonas pequeñas o como veladuras.

Con el uso de la sencilla técnica de la brocha seca se pueden reproducir en las paredes la suavidad del algodón y el dibujo de una tela favorita, dando un toque de elegancia tranquila a la habitación.

rayas sofisticadas

Este acabado pretende imitar el aspecto suave de las rayas sobre tela. Ninguno de los colores se pintan consistentemente o con bordes muy definidos, pero los tonos siguen siendo muy fuertes porque van en zonas pequeñas. La técnica se basa en la brocha seca para crear una textura como la de la tela y cada color se da sin precauciones sobre la capa de base. Para tener una buena combinación, al planear este efecto conviene fijarse en una tela rayada de verdad.

El color de base elegido aquí es de tono neutro, que va bien debajo de los distintos colores escogidos para las rayas.

El efecto visual es más decorativo que la mayoría de los efectos de pintura, por lo que apenas hará falta decorar más la habitación.

Antes de embarcarse en el dibujo, hay que tener muy en cuenta el factor tiempo. No empezar trazando líneas finas muy cerca unas de otras, ya que el acabado será laborioso; recordar que siempre se pueden pintar más rayas en una fecha posterior.

Fondo. Este efecto tiene un acabado bastante tosco, por lo que admite un cierto grado de desigualdad en el estado de la pared. Aunque siempre es recomendable rellenar las grietas y abolladuras muy visibles, no hace falta llegar hasta el punto de forrar o enlucir las paredes. Preparar la superficie siguiendo las instrucciones de las páginas 18-19.

1 Capa de base. Echar un poco de pintura látex mate beige en un cubo. Esta capa tiene que quedar clara, por lo que hay que mojar muy poco la brocha cada vez. Meter la punta de las cerdas de la brocha de 10 cm en la pintura y enjugar el exceso en el borde del cubo. Manteniendo las cerdas casi paralelas a la pared, aplicar la pintura verticalmente, usando sólo la punta de las cerdas para dar un poco de pintura y conseguir un efecto suelto.

MATERIALES Y HERRAMIENTAS

- Pintura látex mate beige.
- Pintura látex mate color rojo oscuro.
- Pintura látex mate naranja.
- Pintura látex mate azul oscuro.
- Una brocha de 10 cm.
- Dos brochas de 5 cm.
- Pincel de delinear.
- Cubo de pintor.
- Un lápiz.
- Cinta métrica.
- Regla.
- Un nivel de carpintero.

2 Pintado. Sin cargar de nuevo la brocha, seguir trabajando la pintura hasta que se tenga una capa bastante consistente, aunque debe verse en algunos sitios un poco de la imprimación blanca inicial. El efecto acabado tendrá cierta textura en vez de ser plano. Seguir así por toda la pared. Dejar secar.

3 Planear las rayas. Calcular el tamaño y los espacios que se van a dejar entre las tres rayas de distintos colores. En la ilustración hay bandas de 30 cm de color naranja, rayas de 13 cm de color rojo oscuro y una simple línea de azul oscuro. Para trazar las líneas verticales, usar una cinta métrica, el lápiz y la regla. El nivel de carpintero es para que las líneas vayan verticales.

4 Bordes de las rayas. Echar la pintura látex naranja en un cubo limpio de pintor y mojar en ella las puntas de una brocha de 5 cm. Enjugar el exceso de pintura en el borde del cubo y pasar la brocha a lo largo de la línea dibujada a lápiz. La línea pintada no debe ser perfectamente vertical y nítida, sino que tiene que parecer un poco «rota». Repetir a lo largo de la línea de lápiz que marca el borde de la raya de color naranja.

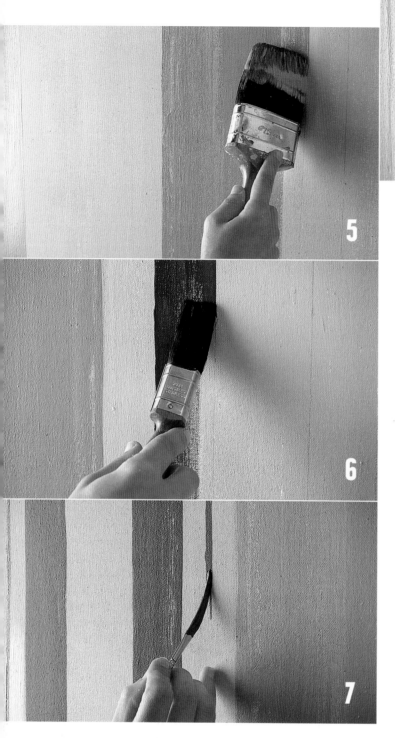

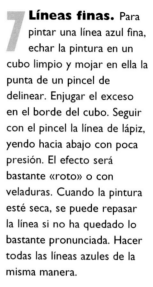

7 Líneas finas. Para pintar una línea azul fina, echar la pintura en un cubo limpio y mojar en ella la punta de un pincel de delinear. Enjugar el exceso en el borde del cubo. Seguir con el pincel la línea de lápiz, yendo hacia abajo con poca presión. El efecto será bastante «roto» o con veladuras. Cuando la pintura esté seca, se puede repasar la línea si no ha quedado lo bastante pronunciada. Hacer todas las líneas azules de la misma manera.

8 Disimular los errores. Una vez seca la pintura, se pueden retocar los errores con el color de base y una brocha de 5 cm o con un pincel de artista si el retoque es muy difícil.

Trucos del oficio

- La pintura con «brocha seca» es una técnica sencilla, que se basa principalmente en la cantidad de pintura y la presión de la brocha. Normalmente, una brocha de cerdas largas hará menos presión sobre la pared que una de cerdas cortas. Conviene practicar antes, manteniendo la brocha casi paralela a la pared y aumentando la presión a medida que vaya quedando menos pintura en la brocha.

- El aspecto de las rayas de colores en una habitación, puede ser verdaderamente espectacular y hasta opresivo, por lo que no es mala idea hacer algunas pruebas sobre papel para probar las anchuras y los colores.

- Para los bordes verticales, usar una brocha bien cargada: así será más fácil pintar la línea.

5 Rellenado. Rellenar la parte de en medio con brochazos secos alargados, tal como se explica en el paso 2, cuidando de que se siga viendo a través del naranja algo de la base beige antes de pasar a los rojos.

6 Hacer las rayas siguientes. Rellenar la raya más estrecha con rojo oscuro, repitiendo los pasos 4 y 5 (usando un cubo y una brocha de 5 cm limpios). Terminar todas las rayas rojas antes de empezar con las rayas finas azules.

La aguada con pintura diluida es el más fácil de todos los efectos de pintura;
es ideal para quienes estén ocupados y tengan poco tiempo disponible,
pero es también enormemente útil para reinventar el ambiente de una habitación.

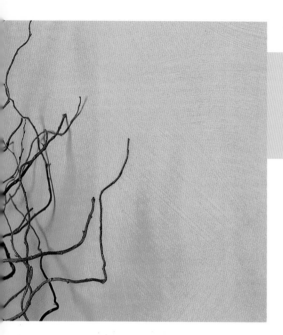

capa sobre capa

Este sencillo efecto se hace con dos capas del mismo color. La técnica no es importante, porque la segunda capa sirve para cubrir las imperfecciones. Se consigue un efecto veteado, cuya fuerza viene determinada por el espesor de la mezcla. Una buena regla general es usar pintura y aglutinante a partes iguales. Para que el efecto sea más opaco, mezclar dos partes de pintura con una de engrudo de empapelar y hacer la proporción contraria si se quiere un aspecto más veteado.

Fondo. Esta técnica disimula y realza a la vez cualquier defecto de la pared, produciendo un efecto general desigual. Como se trata de dar una mano sobre la pared, cualquier grieta o abolladura quedará marcada por los brochazos. Pero como éstos se dan en todas direcciones, toda la superficie parecerá desigual. La segunda capa seguirá haciendo parecer desigual a toda la pared, aunque alisando el aspecto general. Por lo tanto, si una pared está desigual se la puede rellenar o dejarla como esté. Según lo que se decida, preparar la pared según las instrucciones de las páginas 18-19.

MATERIALES Y HERRAMIENTAS

- ■ Pintura látex mate terracota.
- ■ Engrudo de empapelar.
- ■ Brocha de 10 cm.
- ■ Cubo de pintor.

1 La primera capa.
Mezclar cantidades iguales de engrudo de empapelar y pintura látex mate color terracota en un cubo de pintor. Meter la punta de la brocha de 10 cm en la mezcla y enjugar el exceso en el borde del cubo. Empezar por una esquina de arriba de la habitación y aplicar a golpecitos la pintura en una zona manejable (un cuadrado de unos 90 cm de lado). Mientras que la pintura está todavía húmeda y sin cargar más la brocha, pasar ésta sobre las manchas de pintura, dando brochazos largos en todas direcciones para unirlas todas y dejar una capa clara y traslúcida.

2 Seguir pintando.
Pasar a una zona contigua de aproximadamente el mismo tamaño. Aplicar primero con toquecitos y luego unir con brochazos largos, como en el paso 1. Fundir el borde de este segundo lienzo con el del primero mediante la brocha seca. Seguir aplicando y fundiendo de la misma manera. Sostener la brocha por las cerdas, sacudiéndola hacia fuera en cualquier dirección, para que el aspecto sea natural, con textura y no regular. Al llegar al borde de la habitación, trazar una línea en la esquina y fundirla con el resto de la pintura mediante la brocha seca.

3 Mantener el color.
Continuar de la misma forma en la siguiente pared intentando igualar el color en las esquinas con una brocha seca. Dejar secar.

4 La segunda capa. Usar la misma mezcla diluida para aplicar la segunda capa, siguiendo los pasos 1 a 3. Trabajar en zonas manejables, pero que no se correspondan con las de la primera capa. Recordar que los brochazos deben ser aleatorios. Cuando esté pintada toda la habitación, dejar secar completamente.

Trucos del oficio

- Al pintar en una esquina, si la pintura se pasa a la pared de al lado y no estamos preparados para trabajarla con la brocha seca, quitarla inmediatamente con un trapo mojado.

- Cualquier efecto con pintura diluida se basa en el efecto de veladura o de «colores rotos», aunque también tiene que verse nítido. Para afinar el acabado, se puede dar otra mano alrededor de los bordes para que la pintura se vez más consistente en ellos. Hay que pintar también el zócalo y la cornisa con un color compacto.

Los tonos oscuros del burdeos son ideales para las habitaciones
con chimenea o los despachos llenos de libros: en verano, reflejan
el calor de fuera y en invierno son íntimos y acogedores.

brocha seca en dos tonos

La técnica de la brocha seca usa pintura sin diluir, que se aplica en cualquier dirección, dejando que se vea algo del color de base en algunos sitios. Se trata de un efecto muy sencillo, que da un color sobre otro para conseguir textura y profundidad. Como la pintura es opaca y no se ven mezclas —como en las veladuras—, se puede probar cualquier combinación de colores, aunque un tono oscuro sobre uno muy claro dejará ver rayas en la pintura. Esta técnica es buena para cubrir paredes desiguales o con defectos, porque produce una desigualdad general que es más eficaz precisamente por la mala superficie. No importa la rapidez porque, como la pintura no está diluida, las uniones no serán tan visibles como con una diluida, por lo que se puede trabajar lentamente la textura.

Fondo. Como las grietas y las abolladuras de la pared realzan este efecto, es una técnica perfecta para paredes viejas y deterioradas, no haciendo falta más que un mínimo de preparación. Hay que lavar las paredes con una solución de TSP (fosfato trisódico) o de jabón neutro para quitar las manchas de polvo o grasa, que harían de barrera para aplicar la imprimación o la pintura. Preparar la superficie según las instrucciones de las páginas 18-19.

1 Capa de base. Echar pintura látex roja en un cubo. Usando una brocha de 10 cm, aplicar la pintura a la pared con brochazos grandes y aleatorios. Seguir por toda la pared hasta que quede cubierto todo el blanco. El color no será completamente homogéneo, ya que una capa de rojo oscuro no tapa completamente el blanco; pero esto no importa, ya que esta capa actúa como un tono de base fuerte y veteado y también quedará casi enteramente cubierta. Dejar secar por completo.

MATERIALES Y HERRAMIENTAS	
■ Pintura látex mate roja. ■ Pintura látex mate burdeos.	■ Brochas de 10 cm. ■ Cubos de pintor.

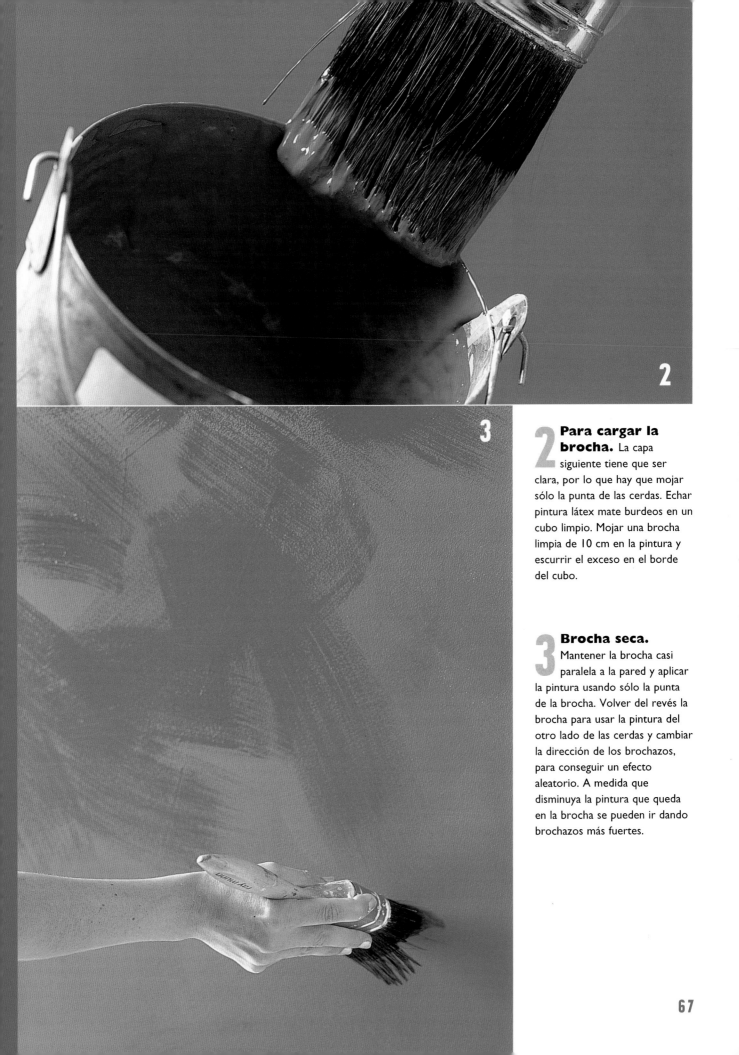

2

Para cargar la brocha. La capa siguiente tiene que ser clara, por lo que hay que mojar sólo la punta de las cerdas. Echar pintura látex mate burdeos en un cubo limpio. Mojar una brocha limpia de 10 cm en la pintura y escurrir el exceso en el borde del cubo.

3

Brocha seca. Mantener la brocha casi paralela a la pared y aplicar la pintura usando sólo la punta de la brocha. Volver del revés la brocha para usar la pintura del otro lado de las cerdas y cambiar la dirección de los brochazos, para conseguir un efecto aleatorio. A medida que disminuya la pintura que queda en la brocha se pueden ir dando brochazos más fuertes.

4

5

4 Seguir pintando.
Seguir lo mismo por toda la pared, mojando la brocha sólo cuando se le haya terminado la pintura por completo. Cuidar de que quede visible una cantidad razonable del color anterior.

5 Acabado. Separarse de la pared para ver si la pintura queda igualada y pintar algo más si es necesario. Las zonas de encima del zócalo y cercanas al techo tienen que quedar bien cubiertas, porque así el efecto es más nítido.

Trucos del oficio

■ Este efecto puede parecer más «apretado» dando brochazos más cortos; un aspecto «suelto» requiere brochazos más largos.

▶ Espectacular damasco

El damasco es una tela que tiene su propio dibujo. Este dibujo se hace con un acabado brillante sobre una superficie mate o con una versión pesada y compacta de la tela de fondo, menos densa. En esta técnica se ha empleado esta última idea. Dar como base un fondo suave de dos capas, una roja sobre otra blanca (ver páginas 62–65). Utilizar la pintura sin diluir para estarcir un dibujo repetido encima (ver páginas 40–43). Si el acabado es demasiado duro, dar otra mano de pintura diluida sobre el estarcido para

◀ Estarcido sutil

Se puede dar un toque de sofisticación a una habitación mediante un estarcido delicado y alado, siempre que sólo aparezca en algún panel ocasional (ver páginas 80-83). Aquí se ha pintado un blanco rosáceo sobre una mano de terracota clara para conseguir un aspecto general suave pero elegante.

Habitaciones al rojo vivo

Se puede dar un toque de picante a las paredes utilizando los tonos ambientales rosa, escarlata y burdeos. Tanto si se elige una severa pintura de damasco, como un llamativo dibujo o cuadros o un barniz agrietado, la gama de los rojos nunca deja de impresionar en una habitación.

◀ Découpage

Esta técnica es una forma sencilla de decorar una habitación sin tener que pintar nada. Buscar unos motivos –iniciales, dibujos o fotografías– y fotocopiarlos, ampliándolos o disminuyéndolos de tamaño si hace falta. Lo único que hay que hacer es recortarlos: cuanto mejor se haga, mejor quedarán en la pared. Usar una regla metálica, un cuchillo de artesano y unas tijeras de uñas bien afiladas para recortar limpiamente los bordes. Luego, se disponen los motivos sobre una pared pintada en liso compacto: en este caso, el fondo es un elegante rojo oscuro. La colocación de los motivos puede ser completamente aleatoria u organizarse midiendo cuidadosamente las distancias y marcando su posición con un lápiz. Para pegar las fotocopias a la pared, darles engrudo de empapelar por el dorso; dejar que el engrudo empape durante unos minutos, colocar el motivo en la pared y pegarlo usando una brocha limpia y seca.

▲ Ideas para la cocina

Si se ve que las posibilidades de «reinventar» una habitación están limitadas por las cosas que hay en la misma, hay que fijarse en estas cosas para ver si se puede tomar algo de ellas. Por ejemplo, este simple dibujo estarcido se ha inspirado en los motivos de flores de la cortina y telas de la cocina, mientras que el color se ha tomado de los cacharros y la loza.

▶ Frotado con papel

Esta técnica imita la superficie de la herramienta usada para realizarla. Sobre una capa de base de color rojo oscuro, dar aleatoriamente una mezcla diluida hecha con cantidades iguales de pintura látex mate de color terracota pálido y agua o engrudo de empapelar. Sobre la pintura húmeda, poner un periódico un tanto arrugado; como el papel es muy poroso, buena parte de la pintura calará varias hojas del periódico. Al levantar éste, la huella que deja en la pintura imita los dobleces del periódico. Este efecto se debe conseguir con una sola «impresión»; pero, si no ha salido bien, se da una mano de pintura antes de volver a intentarlo. Aquí el efecto es muy fino porque se usa un color más claro sobre otro más oscuro: si los colores se emplearan en orden inverso, el aspecto sería más espectacular.

◀ Marmolado

El marmolado es una de las técnicas de pintura más clásicas y más difíciles. Para conseguir un acabado profesional, hacen falta colores al óleo de artista, brochas y pinceles especiales y mucha práctica si se quiere que el efecto sea realista. El método de la ilustración es más sencillo. Hacer una disolución con cantidades iguales de pintura látex mate color tierra natural y de agua o engrudo. Usar dos de las técnicas que se explican arriba y en la página siguiente: frotado con papel y cordón afelpado («chenilla»), en cualquier orden, para dar dos capas, dejando secar bien la primera antes de aplicar la segunda. Cuando el efecto sea satisfactorio, usar un pincel de delineado para pintar las vetas grises. Tratar de igualar los colores del mármol real, porque ello mejorará mucho el resultado.

◄ Cuadrados perfectos

Para pintar cuadrados igualmente espaciados, lo más simple es trazar una red de franjas horizontales y verticales. Hay que calcular bien el tamaño y la proporción de los cuadrados para que el efecto sea muy intenso. Las rayas se aplican con una plantilla de pintar de 10 cm. Sobre una capa de base beige, trazar unas líneas de guía usando un nivel de carpintero. Para cada franja hace falta sólo una línea, porque la plantilla determina la anchura; sólo harán falta dos líneas si la franja tiene que ser más ancha que la mayor plantilla disponible. Usar la plantilla para pintar las franjas con pintura látex mate color berenjena.

▶ Barniz agrietado

El barniz para veladuras agrietado consiste en que la capa de encima se agriete para que se vea el color de base. El aspecto general imita el de la pintura vieja agrietada, aunque suele ser más exagerada y más regular que en un caso real. Usar una brocha para aplicar el barniz especial que se agrieta sobre una capa de base compacta de pintura látex mate dorada. Una vez seca, dar encima el barniz —látex mate color burdeos oscuro— aplicando los brochazos en una sola dirección. Normalmente, las grietas son más grandes si la capa de barniz es gruesa, pero cada producto es distinto, por lo que hay que leer con cuidado las instrucciones del fabricante. Se puede usar cualquier combinación de colores: cuanto más fuertes, mayor será el efecto.

◄ Técnica de felpilla o «chenilla» (cordón afelpado)

La felpilla es una rica tela que tiene dos tonos distintos del mismo color. Para imitar su intensidad, se usan dos matices de rojo: una primera capa de base roja sin diluir y una mezcla diluida de color burdeos oscuro (ver pasos 1-4, páginas 44-45) haciendo que se vean bien los trazos de brocha de la segunda capa. Se puede conseguir el aspecto de hilos de lana usando unos trozos de plástico nuy estirados y colocándolos sobre la pintura húmeda para hacer unos nervios o filetes. Si se quiere conseguir un efecto más suave, usar el rojo diluido sobre el color más oscuro sin diluir como capa de base

4

azul · azul marino · violeta

Esta paleta de colores se basa en las variantes del azul, mezclado con grises para formar el azul marino o con rojos para producir tonos violeta. Con una gama tan amplia, tenemos al alcance de la mano el crear en casa muchos ambientes diferentes.

Los vivos tonos azul marino se adaptan a un interior clásico y elegante como un comedor; no hay mejor manera de crear una atmósfera tradicional que añadir unos serios toques de azul marino. Por otra parte, el uso del violeta o el malva tiene un efecto más suave, aunque puede producir un efecto elegante si se usa de una forma organizada.

La paleta del azul al violeta recorre tonos extremos, desde el azul pálido y el lila al azul marino y el violeta, de forma que los efectos de conjunto pueden resultar absolutamente diferentes. Lo mejor es considerar cada color en sus tonos pálidos, vivos y oscuros individualmente y mezclar y combinar otros colores dentro de esas gamas, aunque los mejores esquemas suelen conseguirse utilizando juntos los tonos azul y violeta. Si se añade otro color, como unas rayas naranja sobre un azul marino, hay que hacerlo en una zona limitada para resaltar el color.

Lleve a su casa la costa con este aspecto náutico. Los colores que se usan aquí son especialmente adecuados para el mundo acuático del cuarto de baño y seguro que animan la habitación más sombría.

trucos de machihembrado

Para crear este efecto de acabado machihembrado, se hace un rastrillado de pintura mate diluida azul oscura sobre una base monocolor azul pálida, para conseguir la apariencia de madera pintada, rayándola después. Para conseguir este efecto, es una buena idea plantearlo como si se hubieran utilizado verdaderas tablas alrededor de la parte inferior de una habitación. Para lograr un aspecto Shaker de Nueva Inglaterra, darle una altura de 1,5 ó 2 m y rematarlo con una repisa o un zócalo para conseguir un efecto limpio.

Fondo. Para este trabajo la pared tiene que estar en muy buen estado, no sólo para la parte pintada en un color compacto sino también para el efecto de pintura de debajo. Tanto la técnica de rastrillado como la de rayado tienen que hacerse sobre una superficie plana y lisa. Las abolladuras o las grietas estropearán las rayas, que tienen que ser lo más rectas posible para conseguir el efecto. Por lo tanto, habrá que forrar e imprimir cualquier enlucido antiguo antes de intentar esta técnica. Preparar la superficie adecuadamente siguiendo las instrucciones de las páginas 18-19.

1 La capa de base. Dar dos capas compactas de azul pálido sobre toda la pared y dejarlas secar.

MATERIALES Y HERRAMIENTAS		
■ Pintura látex mate azul pálido.	■ Pincel de delinear.	■ Lápiz.
■ Pintura látex mate azul oscuro.	■ Cubo de pintor.	■ Regla.
■ Brocha de 5 cm.	■ Cinta de carrocero (cubridora) poco adhesiva.	■ Nivel de carpintero.
■ Brocha de rastrillar.	■ Cinta métrica.	

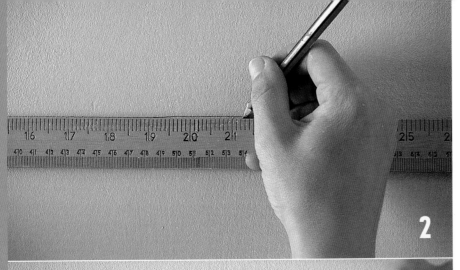

2 Marcar la altura de los paneles.
Usar cinta métrica y lápiz para marcar claramente varios puntos de la pared a una altura de 1,5 ó de 2 m. Usar una regla para unir las marcas y trazar en la pared la línea horizontal. Antes de seguir, usar el nivel de carpintero para comprobar que la línea esté completamente recta.

3 Cubrir.
Colocar tiras de cinta de carrocero por la pared por encima de las marcas de lápiz.

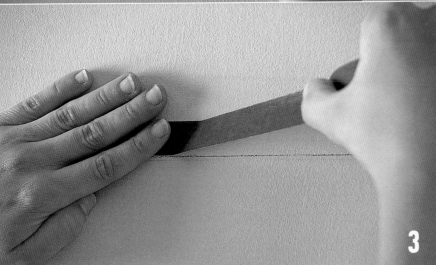

4 Aplicar la pintura diluida.
Mezclar en un cubo de pintor y en cantidades iguales pintura mate al látex y agua. Mojar una brocha limpia en la pintura diluida y quitar el exceso en el borde del cubo. Haciendo rayas de longitud manejable, extender verticalmente por la pared la pintura, empezando por una esquina.

5 Rastrillado.
Sostener con una mano la brocha de rastrillar y poner la otra mano cerca de las puntas de las cerdas, lo que ayudará a manejar la brocha. Pasarla hacia abajo sobre la pintura húmeda, tratando de hacer la línea tan recta como sea posible. Si el rastrillado no es suficientemente recto, volver a pasar la brocha mientras la pintura siga húmeda. Pasar la brocha por la parte siguiente a pintar, solapando un poco la raya anterior y rastrillar como antes. Dejar secar.

6 Marcar los tablas.

Dibujar con lápiz rayas verticales sobre la pintura a intervalos de 15 cm por toda la pared. Estas rayas imitarán las sombras que dividen las falsas tablas machihembradas.

6

7

Trucos del oficio

■ Puede ser de ayuda usar a intervalos una plomada mientras se hacen las rayas; la plomada hará de guía y ayudará a mantener el efecto vertical.

7 Pintar las tablas.
Usando un pincel de delinear y la pintura diluida azul oscura, pasarlo sobre las líneas de lápiz. Cuando se hagan este tipo de líneas verticales, mantener el pincel hacia abajo y empezar desde abajo hacia arriba. Esto hará más fácil manejar las largas cerdas y evitar el goteo. Cuando se vuelva a pasar la brocha por las rayas, después de volverla a mojar, empezar por solapar ligeramente las líneas pintadas anteriormente, ayudando a hacer una línea más recta y definida. Presionar por igual con mano firme para hacer líneas rectas uniformes. Dejar secar y, para terminar, quitar a continuación la cinta cubridora.

Este delicado efecto da un toque romántico al dormitorio. A pesar de que la aplicación del estarcido debe hacerse limpia y cuidadosamente, es una técnica fácil de aplicar.

acabado con plumas

Para este efecto único, se estarce con pintura blanca sobre un malva pálido, utilizando una plantilla de estarcido en forma de pluma. La técnica empleada es un recurso sencillo que hace un efecto de conjunto de papel pintado, pero sin el trabajo añadido de medir, marcar o casar ningún dibujo. Alternando continuamente su inclinación, se usa el mismo motivo, que se basa en la apariencia de una pluma cayendo. Cuando se use un motivo para aplicarlo aleatoriamente, buscar una forma que encaje en un papel pintado y que pueda verse en diferentes ángulos. Cuanto más identificables sean las siluetas de los objetos naturales, mejores resultan como material. Para hacer la plantilla de estarcir, se dibuja o se traza el motivo elegido en un trozo de papel blanco limpio. Se sujeta el papel con cinta a un tablero y después se sujeta, también con cinta, una hoja de acetato sobre el papel. Se recorta el acetato siguiendo el dibujo con un cuchillo de artesano. La plantilla de acetato es más duradera que la de cartulina.

Fondo. Para este efecto, la superficie de la pared tiene que estar perfecta. Si se aplica la plantilla de estarcir sobre una superficie desigual, el dibujo se distorsionará o se correrá la pintura bajo la plantilla. Por lo tanto, este efecto se aplica sólo sobre yeso nuevo o sobre un papel de forrar de mucha consistencia. Para preparar adecuadamente la superficie, seguir las instrucciones de las páginas 18-19.

MATERIALES Y HERRAMIENTAS

- Pintura látex mate malva pálida.
- Pintura látex mate blanca.
- Brocha de 10 cm.
- Cubo de pintor.
- Brocha grande de turón.
- Plantilla de estarcido.
- Cinta cubridora poco adhesiva.
- Bandeja de rodillo.

1 La capa de base. Mojar las cerdas de una brocha de 10 cm en el cubo de pintura látex mate malva pálida. Escurrir el exceso de pintura en el borde del cubo. Empezando por una esquina de arriba de la habitación, dar toques de pintura a la pared, trabajando sobre un trozo cómodo, como puede ser un cuadrado de unos 90 cm de lado. Mientras la pintura siga húmeda y sin cargar más pintura en la brocha, extender enseguida los toques de pintura con brochazos largos al azar para unir las marcas de pintura y obtener un fondo con algo de textura. Continuar trabajando la pared por zonas, usando la «brocha seca» para fundir unas con otras las distintas zonas, hasta que toda la superficie esté cubierta. Dejar que se seque bien.

1

2

2 Preparación del estarcido. Cortar una tira de cinta de carrocero poco adhesiva de la longitud de la plantilla de estarcido. Apretar la cinta contra la ropa para quitar el exceso de adhesivo y evitar así que se lleve la pintura de la pared. Apretar la cinta sobre la parte superior de la plantilla; esto permite levantarla y ver cómo va la pintura sin tener que volver a colocar y alinear minuciosamente la plantilla a mano. Sujetar la plantilla contra la pared, en la primera posición, al azar.

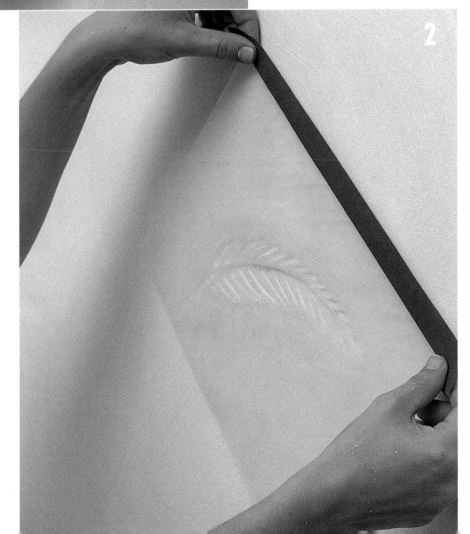

3 **Estarcido.** Echar un poco de pintura látex blanca mate en la cubeta de una bandeja limpia, dejando una zona de la parte plana para quitar el exceso de pintura. Mojar en la pintura la punta de una brocha grande de turón y quitar el exceso. Para estarcir se usa siempre poca cantidad de pintura. Estarcir sobre la plantilla, dando golpecitos sobre la pared con la punta de la brocha, como a saltos. Cargar más pintura cuando haga falta, pero en poca cantidad. Si algún motivo parece estar mal colocado en algún punto, dejar que se seque y después repintarlo con el color de base, volver a colocar la plantilla y estarcir de nuevo.

4 **Seguir el estarcido.** Levantar la plantilla que está todavía pegada a la pared con la cinta y ver si el motivo está bien pintado. Si es necesario, volver a colocar la plantilla y repasar las partes mal pintadas. Retirar la plantilla y despegar de la pared la cinta con cuidado. Volver a colocar la plantilla, cambiando su ángulo. No colocar nunca la plantilla justamente debajo, encima o al lado de otro dibujo. Aplicar la pintura como en el paso 3. Continuar estarciendo por toda la pared, colocándola en posición aleatoria y cambiando su inclinación. Retirarse hacia atrás para ver cómo va el trabajo, hasta que la pared esté completa.

Trucos del oficio

■ Con estarcidos delicados, debe aplicarse la pintura muy suavemente para que no se corra ninguna de las finas rayitas que componen el trabajo. Asegurarse siempre de que la plantilla esté limpia y de que la brocha esté completamente seca antes de usarla: una brocha húmeda diluirá la pintura, facilitando que se corra.

Conseguir el aspecto pulido aunque con textura puede llevar algún tiempo, pero el resultado vale la pena. No hay que tener miedo de usar colores al aceite, porque se aplican tan sencillamente como la pintura al agua.

enlucir pulido

Este efecto de pintura imita el aspecto del enlucido liso y pulido: un acabado brillante que habitualmente no va asociado con el enlucido reciente, especialmente cuando es azul vivo. Hay que trabajar siempre el acabado usando dos tonos del mismo color. El usar un tono más claro sobre uno más oscuro hará un efecto de yeso, característico de los enlucidos sin acabar, mientras que un tono más oscuro sobre uno más claro dará un efecto más pulido. Para obtener un efecto espectacular, hay que usar tonos fuertes y atrevidos, como los dos azules vivos usados aquí. Para obtener mayor profundidad, acabar dando una capa de barniz al aceite, que dará un aspecto vivo y brillante. Si se elige un esquema general más claro, hay que usar siempre un tono más claro sobre uno más oscuro; de lo contrario, será difícil conseguir el efecto.

Utiliza pintura de artista al aceite, la superficie tardará por lo menos dos días en secarse. Si se fija después con un barniz al aceite, habrá que lijar las paredes antes de poder volver a pintar la vez siguiente. Pero, como los productos basados en el aceite secan más despacio, tendremos mucho tiempo para manipular el barniz y lograr un acabado perfecto.

Fondo. Para obtener este efecto, las paredes tendrán que estar completamente lisas. Un enlucido nuevo dará un acabado perfecto siempre que se trate previamente con un fijador de yeso, para que la superficie sea menos porosa. Para preparar adecuadamente la superficie, seguir las instrucciones de las páginas 18-19.

1 La capa de base.
Verter en un cubo de pintura látex mate color azul medio. Mojar en la pintura la punta de una brocha de 10 cm y quitar el exceso en el borde del cubo. Empezando por una esquina de arriba de la habitación, aplicar con golpecitos el color sobre la superficie, trabajando en una zona de la pared de tamaño manejable, como un cuadrado de unos 90 cm de lado.

MATERIALES Y HERRAMIENTAS		
■ Pintura látex mate azul medio.	■ Aceite de linaza hervido.	
■ Pintura al óleo de artista blanca.	■ Alcohol mineral.	
■ Pintura al óleo de artista azul ultramar.	■ Brocha de 10 cm.	
	■ Cubo de pintura.	
	■ Llana para lechada.	

2 **Extender la pintura.** Con la pintura todavía húmeda y sin añadir más pintura, dar brochazos desde las manchas hacia fuera, en todas direcciones, con brochazos largos hasta unir las manchas, haciendo un fondo con una leve textura. Seguir trabajando en otras partes de la pared, usando la «brocha seca» para fundir las zonas próximas. Dejar secar.

3 **Pintura de veladuras al aceite.** Se mezclan pinturas de artista al aceite azul ultramar y blanca con igual cantidad de alcohol mineral y aceite de linaza hervido en un cubo limpio de pintor, hasta que la mezcla sea de un azul más pálido que el color de base y tenga la consistencia de una nata fina. Se carga una brocha de 10 cm con esta pintura al aceite y se da con la brocha por toda la superficie, extendiéndolo lo más posible.

4 **Alisado.** Coger a continuación una llana limpia y pasarla por la superficie. Pasar la llana por encima de la pintura húmeda, para hacer desaparecer las marcas visibles de la brocha. El uso de la llana es una técnica parecida a la del enlucido de una pared; pero no hace falta un acabado liso, sino más bien hacer pequeñas pasadas en diagonal por la pintura húmeda, para tener un acabado de enlucido con textura.

5 **Acabado nítido.**
Terminar de dar pasadas con la llana deteniéndose en las diagonales alternas, donde se acumula la pintura y deja fuertes marcas.

Trucos del oficio

■ Al mezclar el barniz para veladuras al aceite, apuntar las cantidades que se usen de cada color, del alcohol mineral y del aceite de linaza hervido. Es difícil reproducir el mismo color, así que será como una receta.

■ El aceite de linaza hervido tiene la finalidad de espesar el barniz de la mezcla y también es el elemento que retrasa el secado. Hay que tratar de equilibrarlo con todo el alcohol mineral que se pueda, pero evitando que la mezcla resulte demasiado propensa a correrse.

■ Aunque se toque la pared y parezca seca, puede que todavía no lo esté del todo para aplicar el barniz, así que antes de darlo en toda la pared, probar en una zona pequeña que no se vea. Si no está bien seca, dejarla por lo menos otro día antes de volver a intentarlo.

◀ Trampantojo mural

Dar un toque espectacular a la casa pintando un trampantojo al final de una pared (ver páginas 112-115). Esta impresionante «escayola mural» parece sobresalir de la pared. Hace falta mirar dos veces para darse cuenta de que, en realidad, es una pintura plana.

▲ Cielo nuboso

Las clásicas nubes suaves y esponjosas, pintadas como formas horizontales, largas y estrechas, sobre una capa de base plana de azul limpio, normalmente sólo se ven en los techos, pero no hay motivo para que no se puedan aplicar a una pared. La capa de base la forman dos capas compactas de azul pálido y limpio. Las nubes se hacen diluyendo tres partes de pintura látex mate blanca con una parte de engrudo de empapelar. Se usa una brocha de turón para picar la pintura sobre la pared dando golpecitos, empezando por la fila superior de nubes y fundiendo hacia abajo según se va acabando la pintura. Se carga pintura en la brocha y se repite el proceso. Para dar sensación de realismo, el tamaño de las nubes debe ir decreciendo hacia la parte baja de la pared, que imitará la línea del horizonte. En versiones más sofisticadas, se puede jugar con la gradación del color de base (ver páginas 98-101) o añadiendo tonos del ocaso fundidos; ajustar en consonancia los colores de las nubes, inspirándose en fotografías o cuadros

Azules caprichosos

Las tonalidades del cielo y del mar son increíblemente ambientales y, dependiendo del efecto que se use –sea una cenefa de cuadros azul fresco, un sereno paisaje celeste o unas nítidas rayas rectas–, se puede conseguir cualquier ambiente, del animado al formal pasando por el caprichoso.

◀ Sombras brumosas

Se aplica una suave aguada de color con una esponja para obtener un aspecto final jaspeado, casi esponjoso. La capa de base blanca va pintada por encima con una mezcla diluida de igual cantidad de pintura látex mate lila y agua o engrudo de empapelar. Dar la pintura en la pared con una esponja en movimientos circulares; después, antes de que la pintura se seque, suprimir cualquier «churrete» que pueda verse, frotando levemente la superficie (ver paso 1, página 30). Puede repetirse el proceso completo para conseguir un aspecto más suave, usando una segunda mano de tono similar. Usar dos tonos del mismo color evita el efecto de embarrado que una mala combinación de colores puede provocar: ensayar de antemano cualquier combinación.

▶ Rayas paralelas

A las rayas estrechas y limpias en filas ordenadas se las suele llamar rayas «de grillo». Este efecto formal se hace aquí más sutil usando un color azul altramuz sobre una capa de base blanca, realzada después con unas líneas finas azul marino. Las rayas finas pueden llevar mucho tiempo, pero si se usa una plantilla estrecha para pintar (2,5 cm), ésta será la mejor manera de hacer rayas de bordes rectos y anchura constante. Dibujar a lápiz unas rayas verticales de guía, con ayuda de un nivel de carpintero para tener un acabado exacto. Como el efecto es fuete, puede ser acertado ensayar el espaciado de las rayas para que el conjunto no resulte visualmente confuso.

▲ Pintura rural

A esta acogedora habitación rústica se le ha
dado un atrevido esquema de color que le
da un enorme carácter. El uso de dos
colores diluidos –azul suave y violeta– sirve
también para dar una sensación de
movimiento.

◄ Efecto «denim»

El recrear el aspecto del denim (tela de vaqueros) con pintura se consigue usando la técnica del rastrillado (ver pasos 4 y 5 de la página 78). Para elegir los colores de la pintura, hay que ver los tonos de la auténtica tela de vaqueros, teniendo presente lo gris que parece el tejido cuando se lava. La capa base debe ser de color gris azulado, plana y pálida. Encima de ella se da una capa azul-gris más oscura hecha mezclando cantidades aproximadamente iguales de pintura látex mate y engrudo de empapelar, para tener una consistencia gruesa pero poco coloreada. La consistencia gruesa mantiene la pintura «in situ» una vez que se use la brocha de rastrillar. Hay que rastrillar en línea recta, porque esta técnica se limita a zonas de la pared no más altas de una persona de pie.

► «Pelado» con brocha seca

Para imitar el aspecto de pintura desgastada, sin que parezca demasiado vieja y descascarillada, no hay más que dar otra capa de pintura parecida a la última, pero un poco más clara. Aquí se han usado tres tonos distintos de azul -azul oscuro, turquesa y azul celeste- con el azul oscuro como color de base. Usar una brocha ancha y la técnica de la brocha seca (ver páginas 66-69), dando sobre la superficie brochazos largos en la segunda y tercera capas, trabajando siempre de arriba abajo y aprovechando la pintura lo más posible, antes de cargar más pintura. Para tener más profundidad, se pueden dar varios tonos y capas de pintura, pero dando los brochazos en la misma dirección y dejando a la vista un poco de los colores anteriores.

◄ Cenefa a cuadros

Una forma rápida y sencilla de dar interés a una pared lisa es usar una cenefa decorativa. Aquí se acentúa el efecto ajedrezado usando un azul medio intenso sobre una base blanca lisa. Trazar una línea horizontal a la altura del friso de las sillas o los cuadros y cortar un cuadrado de gomaespuma densa para estampillar con rapidez y exactitud los cuadros (ver el paso 5 de la página 49). Imprimir de abajo arriba, manteniendo vertical la estampilla y utilizando el último cuadrado como guía de colocación (ver los pasos 6-7 de las páginas 49-50). Una atrevida cenefa de cuadros en un color vivo es visualmente tan fuerte como para animar con eficacia una gran extensión de color único.

◄ Veteado

Para conseguir un aspecto veteado se usa pintura disuelta de color muy suave, viéndose lo menos posible las marcas de aplicación. Mezclar iguales cantidades de pintura látex mate malva pálido con agua o engrudo de empapelar. Mojar una brocha grande en la mezcla y enjugar el exceso. Aplicarla a la pared, sobre una capa de base blanca, con un movimiento circular; después, frotar suavemente para evitar cualquier goteo (ver paso 1 de la página 30). Cuando esté seca la primera mano de pintura, aplicar una segunda capa de la misma manera, tratando de conseguir un efecto semicompacto en un extremo de la pared y disminuyendo gradualmente la cantidad de pintura aplicada, hasta que sólo quede la primera capa. Esto da a la pintura una sensación de movimiento, haciendo que la pared vaya de un malva bastante vivo a un lila muy pálido. Para lograr un aspecto polvoriento, dar un color pálido sobre un tono más oscuro, mientras que lo contrario (como aquí) produce un aspecto más compacto.

► Pintura sobre color metálico

Un brillo metálico da un aspecto insólito, mientras que los dibujos de pintura diluida dada al azar crean una superficie de textura viva. Mezclar pintura metálica con agua hasta tener una consistencia media y aplicarla con brochazos largos. Cuando esté seca, trazar a lápiz líneas horizontales separadas unos 30 cm. Preparar por separado tres disoluciones ligeras de los colores deseados y aplicar el primer color en una banda horizontal, pintando aproximadamente los bordes con una brocha y rellenando después de color el centro de la banda con brocha o con esponja, con movimientos circulares para resaltar las marcas de brocha metálicas, creando así unas texturas interesantes. Mientras se va secando, se añaden manchas de otros colores, que se fundirán con el color principal. Repetir en cada franja.

turquesa · lima · verde oscuro

Para reafirmarse al decorar la casa, hay que usar colores fuertes que hagan una impresión instantánea. La paleta del turquesa, del verde azulado al verde vivo, ofrece una diversidad de tonalidades y matices que pueden usarse para dar una nota viva de color a cualquier habitación. Hay que imaginar lo bien que se sentiría uno sentado debajo de un cielo azul celeste intenso con un mar verde y reluciente enfrente y llevar este ambiente a la casa.

En la práctica, es una buena idea usar los verdes y turquesas como colores llamativos, usándolos sólo, por ejemplo, en una pared destacada y dejando las paredes restantes en un tono pálido o neutro para dar un toque de frescura; si los colores de esta paleta se usan para paredes completas, pueden resultar muy fuertes y llegar a ser opresivos, pero en definitiva darán un aspecto vivo y brillante.

Como con la paleta del azul al violeta, la gama de tonalidades que se engloban en el azul turquesa es enorme y, en este caso, particularmente viva, por lo que coordinar tonos de la misma paleta es más aconsejable que introducir otros matices.

Esta brillante panoplia aprovecha la amplia gama de pinturas metálicas disponibles hoy. No hacen falta conocimientos especiales para usar estas pinturas, cuyos resultados son estimulantes.

colores metálicos mágicos

Se puede hacer rápida y fácilmente un efecto de pared artística geométrica combinando dos sencillas técnicas de pintura: la aguada y el picado. Esta llamativa fantasía es más eficaz si se coloca en el centro de una pared, teniendo en cuenta los apliques, accesorios y mobiliario. Como alternativa original, se puede utilizar la esquina de la habitación como punto central del diseño, haciendo que los motivos se extiendan sobre las dos paredes perpendiculares. Como es habitual, la clave para un buen acabado es la preparación. Antes de empezar a pintar o incluso a dibujar sobre la pared, planificar sobre un papel la posición exacta, la forma y el tamaño de la imagen que se pretende. En esta fase, pensar con cuidado las combinaciones de color que se quieran usar.

Fondo. Como el dibujo implica el uso de colores planos en determinadas zonas, la superficie de la pared que se va a utilizar debe estar lisa y en buen estado, por lo que hay que rellenar antes de empezar cualquier agujero, abolladura o grieta. Rellenar los agujeros con masilla, dejándola sobresalir un poco de la pared. Después, lijar con lija de grano fino y lavar toda la pared con jabón neutro. Ya está lista la pared.

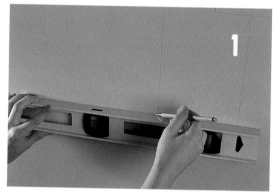

1 La capa de base. Aplicar una capa de base con emulsión mate azul turquesa pálido, con un rodillo, usando para los bordes y las esquinas una brocha casera de 2,5 ó 5 cm. Dos capas deben dar una cobertura adecuada: dejar de 4 a 6 horas para que se seque cada una. Usando un nivel de carpintero, trazar sobre la pared el dibujo con un lápiz. Empezar por dibujar las formas más grandes, dibujando después por encima las partes más pequeñas solapadas y añadiendo después por encima las partes solapadas. No hay unas medidas exactas: hay que dejar que la vista nos diga cuál parece la mejor.

MATERIALES Y HERRAMIENTAS

- Emulsión mate turquesa pálido.
- Pintura acrílica diluida color plata.
- Pintura acrílica de artista color peltre.

- Pintura compacta brillante color plata.
- Pintura cremosa dorada aguamarina.
- Brochas de 2,5 y de 5 cm.

- Pincel de artista cuadrado y plano.
- Brocha de pelo suave.
- Brocha de turón.
- Rodillo y bandeja de pintor.
- Cubos de pintor.

- Alcohol mineral.
- Nivel de carpintero.
- Lápiz.
- Cinta de carrocero poco adhesiva.
- Tijeras o cuchillo de artesano.

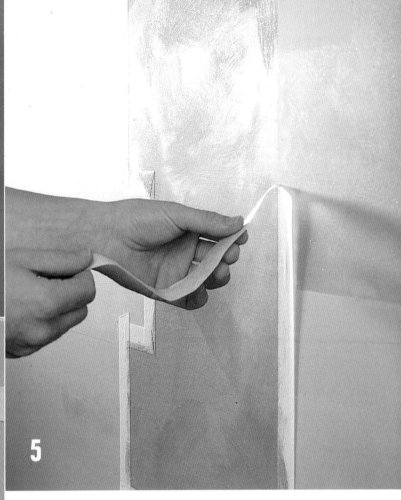

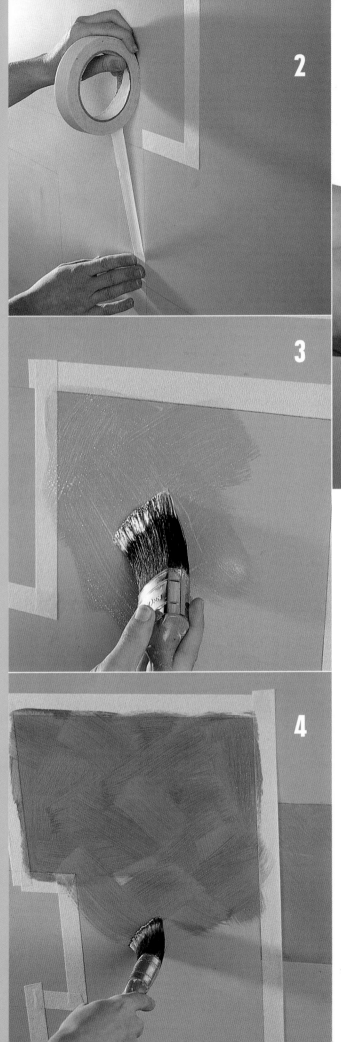

2 Poner la cinta cubridora. Si hay marcas sobrantes de lápiz, pintar sobre ellas con un pincel de artista. Una vez secas, tapar con cinta cubridora la parte de fuera de la zona más grande de color: en este caso los dos lienzos de color plata pálida. Cuidar de no cubrir las líneas de guía hechas con lápiz, para que no queden visibles al final, cuando se quite la cinta. Para que las esquinas de las formas sean nítidas, recortar la cinta con tijeras o con un cuchillo de artesano en vez de arrancarlas.

3 Pintar el lienzo. Echar un poco de pintura color plata diluida en un cubo y mojar con cuidado la punta de una brocha de 5 cm. Aplicar la pintura a la zona de dentro de la cinta, con brochazos cortos al azar y cuidando de que queden visibles las marcas de brocha. Quitar con cuidado la cinta de la pintura húmeda y dejar secar.

4 Segunda base. Marcar con cinta el siguiente lienzo de pared como en el paso 2. Vaciar, apretando, medio tubo de pintura acrílica de artista color peltre en un cubo y añadir agua hasta que la mezcla tenga la consistencia de nata fina. Pintar el interior de la forma con brochazos pequeños y aleatorios, usando la brocha de 5 cm.

5 Quitar la cinta (poco adhesiva). Levantar la cinta cuando la pintura esté aún húmeda, con mucho cuidado para no quitar nada de la pintura color plata de la primera forma al tirar de la cinta para levantarla de la pared. Si se usa cinta de carrocero poco adhesiva, es mucho menos probable que ocurra esto. Dejar secar.

COLORES METÁLICOS MÁGICOS 95

6

Tercer cuadrado.

Poner cinta cubridora en sus bordes y aplicar la pintura color plata compacta, directamente de la lata, usando una brocha de pelo suave para que deje pocas marcas. Quitar la cinta y dejar secar.

7

Terminar y dejar secar.

Enmarcar con cinta los cuadrados que quedan y se solapan. Echar media lata de la pintura cremosa color aguamarina dorada en un cubo, mezclándola con un chorrito de alcohol mineral para hacerla un poco más líquida. Aplicar a la pared con un pincel de turón; luego, borrar los brochazos picando todo con la misma brocha. Quitar la cinta y dejar secar. Como la pintura dorada es al aceite, esto puede tardar algún tiempo: dejarla al menos 4 horas. Por último, dar brillo al acabado con un trapo suave.

Trucos del oficio

- Para retocar las huellas o escurriduras de la cinta de carrocero, usar un pincel plano de artista cargado con color turquesa pálido. Esto hará mucho más fácil que los bordes sean rectos y las esquinas estén bien pintadas.

- Para las zonas más grandes, usar pinturas poco consistentes (diluidas) y las metálicas compactas sólo para los cuadrados o formas más pequeñas. Así no serán dominantes los colores metálicos.

- Para cambiar el color de un cuadrado, no hay más que pintarlo de color turquesa pálido y aplicar después el color que se quiera. Esto impide que se vean a través suyo algunos de los anteriores colores, especialmente alrededor de los bordes, y es imprescindible cuando la capa de encima está diluida.

Esta sutil transformación de colores hará preguntarse a nuestros visitates si están viendo bien. Pero la realidad es que no es desconcertante, sino muy relajante.

ilusión óptica

Para conseguir este efecto de fundido, haciendo una suave transición de un color a otro, hay que ver si el color que se escoge está al lado del otro en la rueda de colores (ver página 22). Una vez escogidos los dos colores, hay que hacer el tono intermedio perfecto, mezclando cantidades iguales de ambos. El éxito del efecto depende de la rapidez del fundido mientras que la pintura está todavía húmeda. Por ello, la técnica más fácil es trabajar a la vez sobre lienzos cortos de pared. Se puede facilitar el proceso aplicando engrudo de empapelar a la mezcla y humedeciendo un poco la brocha limpia de fundir antes de usarla. Si las pinturas empiezan a secarse antes de haber suavizado su unión, volver a dar más de los dos colores e intentarlo de nuevo.

Fondo. Para usar una técnica, la superficie de la pared tiene que estar completamente lisa, ya que cualquier grieta o imperfección interfiere el fundido de los colores. Son perfectas las paredes recién enlucidas con yeso, o las revestidas con papel grueso de forrar. Preparar la superficie según las instrucciones de las páginas 18-19.

1 Marcar. Medir la altura de la pared empezando desde el suelo y dividirla en tres partes. Trazar líneas horizontales a través de la pared, usando una regla y el nivel de carpintero, para que sirvan de guía de las franjas a pintar.

MATERIALES Y HERRAMIENTAS	■ Pintura látex mate color turquesa. ■ Pintura látex mate color verde lima.	■ Engrudo de empapelar. ■ Cinco brochas de 7,5 cm. ■ Dos cubos de pintor.	■ Cinta métrica. ■ Regla. ■ Lápiz. ■ Un nivel de carpintero.

2

3

2 La primera franja.
Aplicar pintura látex mate color turquesa a la franja de abajo, llegando hasta cerca de la línea de guía.

3 La franja central.
Para conseguir un perfecto tono medio para la franja central, echar en un cubo iguales cantidades de pintura látex turquesa y verde lima y mezclar bien. Pintar la franja central con este tono. Dejar un hueco muy pequeño entre la franja central y la de abajo.

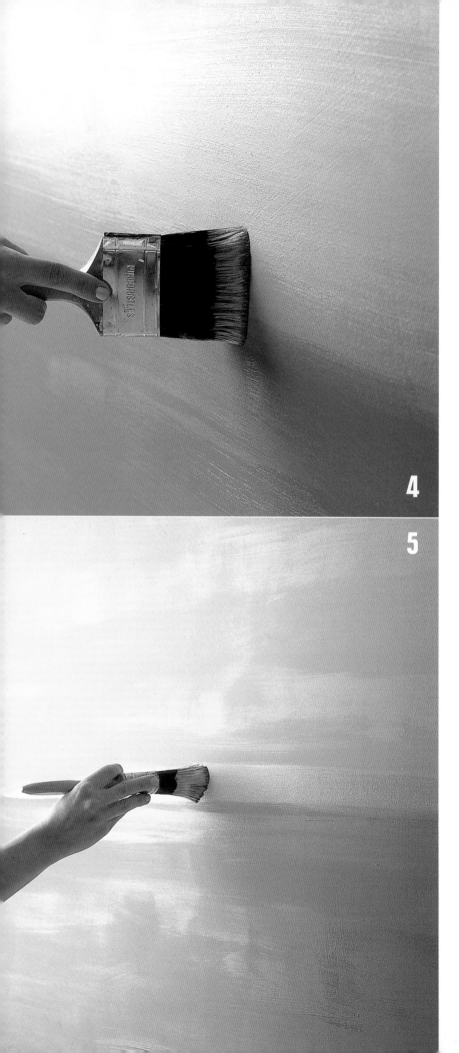

4 Fundido. En un cubo, mezclar cantidades iguales de pintura látex mate turquesa y engrudo de empapelar. Aplicar una buena cantidad de la mezcla al hueco que quede entre las franjas central y de abajo. Pasar una brocha limpia un poco humedecida a lo largo de esta línea fundiendo la mezcla diluida con la pintura de ambas franjas, que está todavía húmeda. Si hace falta, aplicar más mezcla y seguir hasta que las líneas se hayan suavizado por completo.

5 La franja de arriba. Pintarla de color verde lima, dejando un pequeño hueco entre esta franja y la central. Luego, mezclar cantidades iguales del color de en medio y engrudo en un cubo limpio. Aplicar una buena cantidad de esta pintura diluida a lo largo de la unión. Tomar una brocha limpia ligeramente humedecida y fundir con ella el color, hacia arriba y hacia abajo, hasta que se hayan suavizado del todo las líneas.

Trucos del oficio

■ Hacer sólo un lienzo de pared a la vez, llegando a las esquinas. Una vez secas, las esquinas que dan a las paredes vecinas

servirán de guía para graduar los colores, fundiendo aquéllas con éstas para asegurar la continuidad. Puede haber ligeras variaciones, pero hay que procurar que sean mínimas.

Usando la más simple de las herramientas, se puede conseguir un acabado que tenga profundidad sin ser intrusivo. Los colores claros que se han escogido son la prueba de que, para esponjar bien, los toques deben ser claros.

esponjado simple

Las marcas que se hacen usando una esponja son bastante toscas y varían de forma y tamaño según la clase de esponja que se use. Una esponja marina natural tiene una textura fina, por lo que dará toques pequeños y condensados. Una esponja sintética grande necesita que se le hagan agujeros –quitándole material– para que tenga una superficie que haga buenas marcas.

Si se da un color claro sobre un tono oscuro, el efecto general será suave y con profundidad, sin necesidad de afinar cada capa como ocurre aquí. Si se emplea la combinación contraria, la capa final tiene que ser muy igual y aplicarse con bastante presión.

Fondo. Esta técnica implica aplicar pintura sin diluir de una forma «impresa» y veteada, por lo que sirve para disimular casi todas las imperfecciones de la pared. Por ello, antes de empezar a pintar sólo hace falta un mínimo de preparación. Preparar la superficie siguiendo las instrucciones de las páginas 18-19.

1 Preparar la esponja.
Sosteniendo la esponja firmemente en una mano, arrancar trozos pequeños de alrededor de los bordes y de la parte frontal, hasta que esté llena de agujeros.

MATERIALES Y HERRAMIENTAS		
■ Pintura látex mate aguamarina. ■ Pintura látex mate aguamarina pálida.	■ Una esponja sintética grande. ■ Bandeja de rodillo.	

2 Esponjado.
Poner algo de pintura látex aguamarina en una bandeja de rodillo. Apretar la superficie agujereada de la esponja contra la pintura y después escurrir el exceso contra la parte alta de la bandeja. Ir apretando la esponja contra la capa blanca de base, levantándola con cuidado para que no se corra la impresión. Cuando se trabaja con pintura sin diluir, se puede ir haciendo la textura lentamente, lo que no dará uniones visibles, por lo que no hay que correr. Para trabajar las esquinas, arrancar un trocito de esponja y usarlo para dar la pintura en los huecos.

3 Terminar la primera capa.
Seguir esponjando por toda la pared hasta que esté bien cubierta, aunque se debe seguir viendo la capa blanca de base a través de la «impresión». Esta capa parecerá muy gruesa y muy tosca, por la fuerte diferencia de colores, aunque cuando se aplique el tono siguiente todo se suavizará muchísimo. Dejar secar bien la pared. Lavar la esponja antes de que se le seque la pintura que lleva.

4 La segunda capa.
Verter un poco de pintura látex mate color aguamarina pálido en una bandeja de rodillo limpia. Apretar la superficie agujereada de la esponja contra la pintura y quitar el exceso contra la parte plana de la bandeja.

5 Seguir esponjando. Esponjar sobre la primera capa seca siguiendo el paso 2. Seguir por toda la pared, cubriéndola por igual pero sin tapar del todo la capa blanca de base y la primera capa esponjada.

6 Rematar. Apartarse de la pared para ver si el efecto es igual y aplicar más pintura si hace falta. «Hacer» los bordes y esquinas como antes, con un trocito de esponja.

5

6

Trucos del oficio

■ Lo mismo que con los efectos de veladuras, el esponjado se puede hacer más nítido pintando los bordes de forma muy compacta y fundiendo esta pintura con el resto del acabado de la pared.

■ Tratar de llevar siempre bastante pintura en la esponja y cambiar continuamente de ángulo la «impresión».

■ Si una zona se ve demasiado compacta, se la puede arreglar esponjándola de nuevo con la capa de base, fundiendo la zona y repitiendo la capa de encima.

▷ Alicatado morisco

Este efecto produce un friso muy vistoso en una habitación completamente blanca. Requiere tres técnicas: estarcido, estampillado y delineado. Marcar un borde en la parte alta de la pared usando un nivel de carpintero y pintarlo con pintura látex mate compacta de color azul oscuro. Dejar secar. Poner una plantilla de estarcir en zigzag sobre el borde y pintar con rojo burdeos (ver páginas 40-42). Usar un pincel de delinear para pintar líneas paralelas debajo del estarcido (ver paso 6, página 32). Para estarcir el friso con rombos, usar colores verde y azul oscuro y después trazar unas líneas debajo con azul oscuro. La zona más grande de debajo se estarce con estrellas y se estampilla con cuadrados en diagonal (ver pasos 5-7 de las páginas 49-50). Una vez secado todo, dar a toda la zona dos capas de barniz muy brillante para imitar el lustre intenso del alicatado.

◁ Picado en dos capas

Aquí se han dado dos capas diluidas, sutilmente veteadas, de colores verde hoja y verde caqui. Luego se han picado para suavizar todavía más el efecto, produciendo así un ambiente tranquilo.

Verdes naturales

La paleta de los verdes se presta tanto al estilo moderno como a fórmulas más tradicionales; aquí se ilustran varios bonitos acabados que usan colores de toda la gama de verdes, ofreciendo muchas opciones en las que hay de todo: desde falsos «baldosines» de goma al aspecto «pelado».

▷ «Baldosas» de goma

Este sencillo trampantojo quiere imitar los clavos salientes de las baldosas industriales de goma. Empezar con una capa de base compacta de un verde medio; una vez seca, marcar un dibujo de rejilla usando una plantilla de 30 cm de lado. Usar como estampilla el extremo de una batidora minipimer de 5 cm de diámetro y aplicar el mismo tono verde para hacer círculos dentro de los cuadrados (ver pasos 6-7, páginas 49-50). Dejar secar. Recortar una plantilla de estarcir de 6,5 cm de diámetro de una lámina fina de acetato, con un cuchillo de artesano. Mezclar un tono claro y otro oscuro de verde medio, añadiéndole un poco de blanco para aclararlo y de negro para oscurecerlo. Colocar la plantilla de estarcir sobre cada círculo estampillado y aplicar verde oscuro en la mitad del círculo y verde claro en la otra mitad.

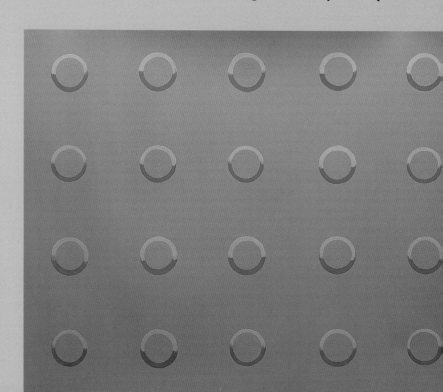

▶ Rayas horizontales

En estas franjas horizontales de anchuras distintas se usan seis tono diferentes, desde el turquesa al verde lima. Se color más pálido se usa compacto como color de base, porque los colores más oscuros lo cubrirán con facilidad formando una capa de color también compacto. Las rayas se hacen con almohadillas de pintar de diversos tamaños: 2,5, 7,5, 10 y 20 cm. Planificar de antemano el tamaño y color de cada franja y luego trazar las líneas alrededor de toda la habitación, usando un lápiz y un nivel de carpintero; en cada pared se empieza a medir a partir del suelo o del techo. Usar las almohadillas de distinta anchura para pintar las rayas, usando los cinco tonos, desde el azul-verdoso al verde. Los tonos más oscuros serán para las franjas más estrechas, para que no lleguen a abrumar.

▲ Frotado sobre dos capas

Se han aplicado dos manos diluidas de colores turquesa oscuro y verde vivo; después, se han tratado con la técnica del «frotado», para que tanto las paredes como el techo se vean con textura.

▶ Estampillado de hojas

Un estampillado es la impresión exacta del objeto que se use para hacerlo; por consiguiente, se pueden usar herramientas muy distintas. Aquí, se ha prensado una hoja hasta hacerla secarse. Para obtener la mejor impresión, se da un poco de pintura por el envés de la hoja seca, sobre los nervios salientes. Después se aprieta la hoja sobre la superficie a pintar para hacer una impresión esquemática. Para que el efecto sea más natural, se ha usado un color compacto crema cálido como color de base y, para el estampillado, un verde savia. La colocación y el espaciado son al azar, cambiando siempre el ángulo de la impresión para imitar el aspecto de las hojas que caen.

◀ Pelado «sufrido»

Este efecto está como a medio camino entre el aspecto «pelado» y un acabado de pintura desconchada. Entre capas de distintos tonos de pintura azul-verdoso se ha usado cera de velas para separar, dando una capa final de «brocha seca» (ver paso 4, página 68). Aplicar la cera a la superficie en pasadas largas, para imitar la veta de la madera. Pintar sobre ella y, una vez seca la pintura, usar un rascador sobre las partes enceradas para quitar la pintura rascándola. La brocha seca se da encima mojando la punta de la brocha en el tono azul-verdoso más claro; raspar el exceso y arrastrar la brocha sobre la superficie en la misma dirección que antes para reforzar el efecto. Cuanto más gruesa sea la capa de cera y más contraste haya entre los colores, mayor será el efecto.

▷ Panel de gradación de colores

Hacer una gradación de colores en una zona estrecha (ver páginas 98-101) es mucho más fácil que hacerlo en un lienzo de pared amplio. Por ello, lo mejor es restringir este efecto a franjas finas y largas alrededor de una habitación. Esto no sólo evita que su aspecto llegue a abrumar, sino que resulta ideal contra un color de base plano y blanco. Dibujar rectángulos largos de igual base y altura alrededor de la habitación; después, rodearlos con cinta de carrocero poco adhesiva. En dos cubos, diluir pintura látex mate de colores verde fuerte y gris azulado, en una proporción de tres partes de pintura y una parte de cola o engrudo de empapelar. Empezando por la parte de abajo del panel, dar con brocha el color verde; luego, y a mitad de la altura, empezar a añadirle algo de azul, fundiéndolo sobre la marcha, hasta llegar arriba pintando sólo con el color azul.

▷ Veladuras suaves

Este efecto de veladuras suaves se ha obtenido con pintura diluida y una brocha grande. El efecto sutil de conjunto se debe a la elección de colores: blanco compacto para la capa de base y un azul-grisáceo suave para la capa de encima. Mezclar cantidades iguales de pintura látex mate azul-grisáceo y agua o cola de empapelar. Aplicar la disolución a la pared con una brocha grande en direcciones al azar, dando los brochazos muy anchos (ver pasos 1-4, páginas 44-47).

marrón · gris · caoba

La opción perfecta para los interiores de hoy, cuando la moda y nuestro estado de ánimo nos piden algo nuevo, son colores que uno mismo pueda mezclar y casar. Actualmente están de moda, como un fondo fácil para el hogar moderno, los tonos pálidos y sofisticados del gris y del marrón; emplearlos es una manera de poner una casa al día sin ser demasiado atrevidos.

El diseño de interiores se ha vuelto loco por telas como la lana, el lino y la piel artificial, que se eligen por la plenitud de su textura. Los colores de pintura que van bien con los de estas telas son los tonos topo (grises oscuros), los cremosos como el color hongo, los marrones naturales como el caoba y los grises suaves descoloridos, porque imitan los colores de dichas telas. Usando esta paleta de colores con técnicas de pintura elegantes, se crean interiores sofisticados que tienen muchos años por delante.

Esta paleta casa bien con cualquier tela o cortina natural y especialmente con los muebles de madera oscura, aunque es lo bastante adaptable como para poder cambiar los muebles y elementos de la habitación sin tener que volver a pintar las paredes.

En este proyecto queda bien claro el poder de los efectos de pintura: en lo que antes no era más que una pared blanca, aparece de repente un panelado de madera con molduras. Y todo, usando sólo brochas y pinturas caseras.

trampantojos

Este sencillo efecto de trampantojo imita un friso de madera tratando la zona como si la carpintería fuese real. Hay que imaginar cómo pueden ir cortadas las piezas de un panel e imitarlas en la parte inferior de la pared. Incluir el listón de las sillas, el marco de la puerta y el zócalo como partes de un todo, rastrillando el mismo color diluido dado sobre la misma capa de base.

Aquí, el color se basa en el del roble viejo y usa tonos muy discretos del marrón. Las distintas maderas tienen tonos diferentes, por lo que, si tomamos un trozo de madera para decidir sobre él el color, el aspecto final será más verosímil.

Fondo. Para que este efecto esté bien realizado, toda la pared tiene que estar en muy buen estado. Para conseguir la impresión de un friso de madera, se han usado el rastrillado y el delineado: hay que hacer ambos sobre superficies planas y lisas. Cualquier grieta o abolladura estropearía las líneas, que tienen que ser lo más rectas posible para que el efecto funcione. Por consiguiente, antes de usar estas técnicas, el yeso viejo tiene que ser enlucido e imprimado. Por ello, preparar la superficie según las instrucciones de las páginas 18-19.

1 La capa de base. Aplicar dos manos de pintura látex mate beige a toda la pared y dejar secar. Cubrir toda la zona alta de la pared, por encima del listón de las sillas. Si la habitación no tiene este listón, se puede comprar éste en una carpintería o en una tienda de bricolage y habrá que fijarlo a la pared entre 75 y 90 cm por encima del suelo.

MATERIALES Y HERRAMIENTAS	■ Pintura látex mate color beige pálido. ■ Pintura látex mate color nuez. ■ Una brocha grande.	■ Brocha de 5 cm. ■ Brocha de rastrillar. ■ Una brocha pequeña de turón.	■ Cubos de pintor. ■ Regla. ■ Lápiz. ■ Un nivel de carpintero.

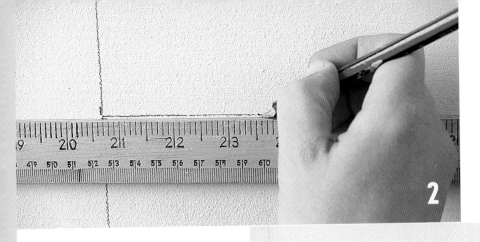

Marcar los paneles. Medir y dibujar el panelado hasta una altura que esté en proporción con la longitud de la pared, considerando que el listón de las sillas normal no sobrepasa los 90 cm. Usar un nivel de carpintero para que las líneas sean perfectamente horizontales o verticales.

2

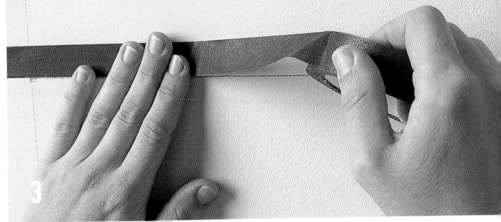

Poner cinta de carrocero. Marcar con cinta cubridora los paneles horizontales que vayan por encima y por debajo del cuadrado central. Lo primero que hay que pintar del enmaderado son los elementos verticales, cosa que se hace con brochazos verticales. Los horizontales se hacen después y con trazos de brocha también horizontales.

3

4

Pintura diluida. Mezclar en un cubo cantidades iguales de pintura látex mate color nuez y agua. Mojar una brocha limpia de 5 cm en la pintura, escurriendo el exceso en el borde del cubo. Aplicar la pintura verticalmente sobre un montante cada vez.

Rastrillado. Coger con una mano una brocha de rastrillar y poner la otra cerca de la punta de las cerdas: así se dirige mejor la brocha. Pasar enseguida la brocha hacia abajo por la pintura húmeda, tratando de que el trazo sea lo más vertical posible. Si no es lo bastante recto, volver a pasar la brocha de nuevo sobre la pintura siempre que siga estando húmeda. Pintar el trozo de pared siguiente y rastrillar como antes. Cuando se hayan pintado y rastrillado los paneles de alrededor, volver a los paneles centrales para pintarlos y rastrillarlos de la misma manera. Quitar la cinta cubridora y dejar secar.

5

6

6 Aplicación horizontal. Marcar

con cinta cubridora los paneles verticales en donde se unen con las horizontales. Usar la misma pintura diluida color nuez para rellenar los paneles horizontales, aplicándola con brochazos horizontales y «rastrillando» después sobre la pintura húmeda en la misma dirección. Quitar la cinta y dejar secar. Aplicar también la pintura sobre el listón de las sillas en brochazos muy largos.

7 Añadir sombreado.

Usando una brocha pequeña de turón y la misma pintura diluida color nuez, pintar una franja de la anchura de la brocha por dentro de la silueta del cuadrado central, como si las zonas de alrededor sobresalieran.

7

Trucos del oficio

■ Para dar un aspecto más profesional, usar un peine de vetear sobre la pintura seca y, después, rastrillar a los lados del núcleo veteado que se ha hecho. Cuando esta superficie se haya secado un poco, se puede pasar una brocha de suavizar sobre las vetas para atenuar y hacer más natural el efecto.

■ Puede ser útil colgar una plomada de vez en cuando mientras se rastrilla, como guía para mantener las líneas rectas.

Este efecto pondrá nuestra casa al día sin necesidad de ser muy atrevido; el aspecto es divertido e imaginativo, conservando siempre una cierta sofisticación.

mate y brillante

Se puede conseguir un aspecto asombroso utilizando la diferencia entre un color plano mate y un acabado brillante. Cuando se barniza una pintura látex mate, el color parece oscurecerse, aunque luego se realza mediante el acabado brillante. Al dar la luz en la pared, este dibujo a cuadros se ve más, produciendo un efecto geométrico pero sin que los cuadros resulten demasiado dominantes. Éstos pueden dibujarse, estampillarse o estarcirse, con lo que hay unas posibilidades infinitas con un mínimo de experiencia o de técnica. El único inconveniente es que, más adelante, si se quiere cambiar la decoración, habrá que lijar las zonas barnizadas.

Un buen truco es dar la capa de base sobre las líneas de lápiz: así, éstas se debilitan, aunque se siguen viendo lo suficiente como para hacer de guías. Al principio, parece que desaparecen, pero vuelven a ser visibles a medida que se seca la pintura.

Fondo. El efecto general se basa en el uso del color plano y mate, que resalta las grietas y desigualdades, pero también el barniz brillante parece iluminarlas. Por consiguiente, la pared tiene que estar totalmente lisa y sin defectos. Lo mejor es trabajar sobre paredes recién enlucidas o revestidas de papel grueso de forrar. Preparar la superficie según las instrucciones de las páginas 18-19.

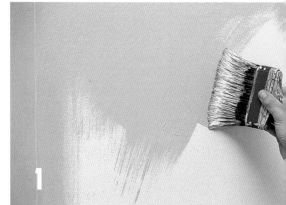

1 Capa de base. Aplicar dos manos de pintura látex color topo sobre toda la pared y dejar secar.

MATERIALES Y HERRAMIENTAS

- Pintura látex mate color topo (gris oscuro).
- Barniz acrílico muy brillante.
- Una brocha grande.
- Una brocha de 2,5 cm.
- Un pincel de artista plano y cuadrado.
- Cinta métrica.
- Lápiz.
- Regla.
- Un nivel de carpintero.

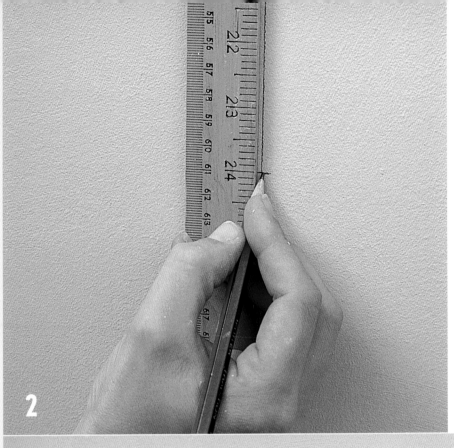

2

Verticales. Hay que decidir el tamaño de los cuadros: hay que ajustarlos con arreglo a la longitud o la altura de la habitación. Usar la regla para dibujar las líneas y un nivel de carpintero para que vayan bien verticales.

Horizontales. Volver a usar la regla para trazar las líneas horizontales, verificándolas con el nivel de carpintero.

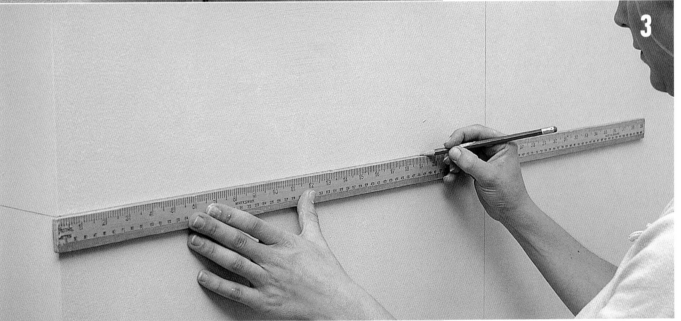

3

4

Cubrir las líneas. Mojar la brocha en un poco de color de base y pintar ligeramente sobre las líneas de lápiz. A medida que se seque la pintura, se volverán a ver las líneas, aunque después quedarán disimuladas por la capa de barniz. Dejar secar.

5 **Barnizado.** Pintar un cuadrado sí y otro no con el barniz muy brillante usando la brocha de 2,5 cm, llegando lo más posible hasta las esquinas y cerca de las líneas de lápiz.

5

6

6 **Bordes rectos.** Usar un pincel de artista plano y cuadrado para dar el barniz en las esquinas y a lo largo de las líneas de lápiz. Para que el acabado brillante esté perfecto, habrá que dar dos manos de barniz.

Trucos del oficio

■ Este efecto parece mucho mejor cuando la pared queda cubierta de cuadrados completos, en vez de medios cuadrados en el zócalo o junto al techo, por ejemplo. Los cuadrados se pueden incluso trazar alrededor de las curvas —si las hay— y también salvando una esquina.

◄ **Efecto de ante**

Se puede conseguir un efecto de piel blanda (ver páginas 26-29) en un color beige cálido que complemente los muebles de madera de este vestíbulo. En las zonas de tránsito, lo mejor es usar tonos neutros, porque son agradables a la vista y muy acogedores

Tonos color tierra

Los vivos tonos de color tierra y los suaves y sutiles matices de la gama de los grises realzan los efectos de pintura más que los dibujos concretos a gran escala. Para esta paleta de colores, el «frotado», el rastrillado y el esponjado son las técnicas ideales; pero, si se quisiera algo un poco más fuerte, siempre se puede intentar el efecto del cuero.

▶ **Trapeado**

Esta técnica imita el aspecto de una tela doblada, apretando un trapo arrugado sobre una capa de pintura diluida húmeda. Para que parezca una tela natural –aunque el efecto siga siendo fuerte– diluir pintura látex mate color topo (de un tono medio) con una cantidad igual de agua. Sobre una capa de base blanca y compacta, dar una mano de pintura diluida y después trapearla (ver pasos 1-3 de páginas 26-27). Si se usan trapos de distinto tipo y grosor, la impresión varía. Aquí se ha usado una piel de gamuza: una vez mojada, la impresión es constante porque es un trapo fácil de manejar. Si se quiere tener un efecto suave, usar un tono más claro sobre uno más oscuro; un tono oscuro sobre uno claro hará que el acabado sea más definido, como aquí.

▲ Claro y airoso

La sencillez del esponjado lo hace ideal para grandes
lienzos de pared. Y también, cuando se usa en tonos
claros —como este matiz delicado del gris— no tiene un
efecto abrumador, aunque sigue siendo mucho más
interesante que un color plano.

◄ Vaporoso y claro

Usando una capa de pintura diluida y aplicándola con una
esponja sintética, se ha conseguido un efecto suave y veteado.
Empezar con una capa de base blanca y compacta y después
mezclar cantidades iguales de pintura látex mate de color topo
claro y agua o cola de empapelar. Mojar la esponja en la mezcla
y aplicarla a la pared haciendo círculos; luego, difuminar
cualquier trazo o embarrado que se vea demasiado (ver paso 1,
página 30). Si se quiere que el efecto sea claro y sutil, el color
de base y el de la capa de encima tienen que ser parecidos; si
se quiere un acabado «espolvoreado», usar un tono claro

TONOS COLOR TIERRA

▶ Capas compactas esponjadas

Ésta es una técnica sencilla en la que se aplican dos o más capas de pintura sin diluir en diversos tonos, usando la esponja para hacer los trazos (ver páginas 102-105). Puede ser de un efecto muy fuerte, porque la pintura de la esponja es densa, por lo que hay que elegir con cuidado los tonos para que sean muy parecidos. Dar con esponja un gris cálido sobre una capa de base blanca y compacta, pero sin cubrir del todo esta última. Después, dar por encima un gris más claro, siempre dejando ver algo de las dos capas anteriores. Según el tipo de esponja que se emplee, el efecto será distinto. Una esponja natural es más apretada, por lo que el efecto será más condensado. La alternativa es arrancar trocitos de una esponja sintética, con lo que la impresión será más abierta, como puede verse aquí.

◀ Imitación de cuero

Este efecto se basa en conseguir en principio una textura «picada», sobre la que luego se da una capa de pintura que se quita después frotándola, para obtener más realce. Dar una capa de base de pintura látex mate color terracota, muy espesa y sin diluir. Esperar a que la pintura esté «pegajosa» y después picarla con una brocha ancha, dando golpecitos. Dejar secar. Esto debería dejar una superficie picada con entrantes y salientes visibles; si la textura no es lo bastante espesa, repetir el proceso hasta que la pared se note rugosa al tacto. Dar encima una mano de color marrón vivo y, después, quitarla frotando con un trapo húmedo antes de que se seque: el color desaparecerá de las partes salientes y el efecto quedará muy igual.

◄ Veladura veteada

Si se usa un color beige cálido sobre blanco, con una técnica de dos capas de pintura diluida (ver páginas 62-65), se obtiene un efecto de veladura veteada. Si la mezcla es muy diluida –aproximadamente, una parte de pintura látex mate con dos partes de agua o cola de empapelar–, el efecto obtenido es muy sutil, especialmente cuando la segunda capa disimula cualquier unión o los trazos desiguales de aplicación. La base blanca no tiene un tono próximo al de la de encima, por lo que las marcas de brocha se verán. Cuanta más diferencia de tonos haya entre los dos colores, mayor será el efecto obtenido.

► «Frotado» con plástico

Para conseguir este acabado tan fuerte se usa una bolsa de plástico. Mezclar una parte de pintura látex mate color topo y tres partes de agua. Dar la mezcla al azar sobre la pared. Arrugar un poco una bolsa de plástico y apretarla contra la pintura húmeda. Retirarla con cuidado, para que deje una impresión exacta de los dobleces del plástico. Como la bolsa no es porosa, no absorbe nada de pintura, por lo que quedan unas marcas muy claras en la capa ya dada. Como la impresión es muy definida y unidimensional, se puede dar una segunda capa para dar profundidad y suavizar los trazos visibles que queden. Experimentando con plásticos de consistencia diferente se pueden variar los efectos.

◄ Rastrillado en dos direcciones

La técnica de rastrillado (ver pasos 4 y 5, página 78) se usa aquí en dos direcciones perpendiculares para conseguir un efecto de tejido o papel avitelado. Para que el efecto sea claro, sobre una capa de base de pintura blanca y compacta, se da otra de color gris cálido, rastrillándola. Hay que rastrillar cada lienzo con un solo brochazo, por lo que esta técnica se limita a trozos de pared no más altos que una persona, como en paneles o en un friso por debajo del listón para apoyar las sillas. Mezclar cantidades iguales de pintura látex mate de color gris claro y agua o cola de empapelar. Aplicarla en lienzos grandes y trabajarla con una brocha de rastrillar mientras todavía está húmeda. Una vez hecho el rastrillado vertical, repetir el proceso en dirección horizontal.

TONOS COLOR TIERRA 123

Índice

Créditos fotográficos

Quarto quiere expresar su agradecimiento a aquellos que han proporcionado las fotografías reproducidas en este libro:

(clave: i, izquierda; d, derecha; c, centro; a, arriba; ab, abajo.)

pág. 34 ai Davies Keeling Trowbridge Ltd.; pág. 35, Neville Antony; pág. 52 ai, Trevor Richards; pág. 53 a, Davies Keeling Trowbridge Ltd.; pág. 70 ai, Trevor Richards; pág. 71, Elizabeth Whiting & Associates; pág. 88 ai, Davies Keeling Trowbridge Ltd.; pág. 89 a, Trevor Richards; pág. 106 ai, Davies Keeling Trowbridge Ltd.; pág. 107 a, Elizabeth Whiting & Associates; pág. 120 ai, Davies Keeling Trowbridge Ltd; pág. 120-121 ad, Trevor Richards.

Quarto es el titular del copyright del resto de las fotografías e ilustraciones. Aunque se ha hecho todo lo posible por mencionar a todos los que han contribuido, Quarto desea excusarse si hubiera habido alguna omisión o error.

SP
747.3 C678

Cohen, Sacha.
Como pintar paredes : como
transformar sus paredes con
efectos de pintura
Frank ADU CIRC
10/07